Andrea Erkert
Im vertrauten Kreis durch das Kirchenjahr

Andrea Erkert

Im vertrauten Kreis durch das Kirchenjahr

Praxisentwürfe für die Seniorenarbeit

 neukirchener

Bibliografische Information der Deutschen Nationalbibliothek:
Die Deutsche Nationalbibliothek verzeichnet diese Publikation in der Deutschen Nationalbibliografie; detaillierte bibliografische Daten sind im Internet über http://dnb.d-nb.de abrufbar.

© 2023 Neukirchener Verlagsgesellschaft mbH, Neukirchen-Vluyn
Alle Rechte vorbehalten
Umschlaggestaltung: Jens Vogelsang, Aachen,
unter Verwendung der Bildern von stock.adobe.com: © TALVA, © Зоряна Васильцова, © timonko, © SkyLine, © shutterstock.com: © x.designer
Lektorat: Viktoria Tersteegen
DTP: Burkhard Lieverkus
Verwendete Schrift: Chapparal, Myriad
Gesamtherstellung: CPI books, Ebner & Spiegel, Ulm
Printed in Germany
ISBN 978-3-7615-6941-2

www.neukirchener-verlage.de

Inhalt

Vorwort

Das Kirchenjahr beginnt am ersten Adventssonntag (erster Sonntag nach dem 26. November) voller Erwartung des Erlösers im Advent und endet am letzten Sonntag vor dem Advent: bei den Katholiken mit dem Christkönigssonntag und bei den evangelischen Kirchen mit dem Ewigkeitssonntag (Totensonntag). Es enthält zwei große Festkreise (Weihnachts- und Osterkreis), die in der katholischen und evangelischen Kirche übereinstimmen. Darüber hinaus gibt es weitere Feste und Gedenktage, an denen sich auch jeder Gottesdienst unter anderem durch die Auswahl der Kirchenlieder und biblischen Texte orientiert. Auch die liturgischen Farben der Messgewänder und Antependien sind nicht beliebig, sondern wechseln im Laufe des Kirchenjahrs. Sie erinnern uns an das Leben, Sterben und Auferstehen Jesus Christus.

Im Laufe eines Kirchenjahrs gibt es sehr viele Fest- und Feiertage, wobei sich beide Konfessionen die wichtigsten davon teilen. Es gibt aber auch christliche Feste und Feiertage, die selbst für Andersgläubige oder nicht religiöse Menschen bedeutsam sein können. Dazu gehört zum Beispiel Allerheiligen, das allen Heiligen gewidmet ist und zu den hohen Feiertagen der katholischen Kirche gehört. Dennoch besuchen gerade auch an diesem Tag viele Menschen, die nicht der katholischen Kirche angehören, die Gräber ihrer Verstorbenen, derer an Allerseelen gedacht wird.

Der vorliegende Praxisbegleiter enthält abwechslungsreiche Praxisentwürfe zu den bekannten christlichen Festen und Feiertagen, die jährlich wiederkommen und so groß gefeiert werden, dass diese selbst für nichtgläubige Menschen bedeutsam sein können.

Im ersten Kapitel „**Gott heißt uns willkommen**" finden Sie zahlreiche Praxisideen, die das Ankommen, Kennenlernen und Orientieren geradezu leicht machen. Sie fördern die positive Stimmung der Teilnehmer:innen und machen mehr als deutlich, dass bei Gott alle herzlich willkommen sind.

Das zweite Kapitel „**Warten auf das Christkind**" startet mit dem Beginn des neuen Kirchenjahrs. Es enthält jede Menge Praxisideen für die vierwöchige Vorbereitungszeit auf das Weihnachtsfest, bei der die Teilnehmer:innen auf vielfältige Weise den wahren Grund für Weihnachten entdecken und erleben können.

Im dritten Kapitel „**Der Stern von Bethlehem**" geht es um den Heiligen Abend – Die Weihnachtsgeschichte. Es wird gezeigt, wie ältere Menschen, die in Seniorenheimen oder einfach alleine leben, mit anderen auf höchst vielfältige Weise Gemeinschaft erleben und voller Freude Weihnachten feiern können.

Das vierte Kapitel „**Auferstehung Jesu Christi**" widmet sich der Karwoche von Palmsonntag bis Ostermontag. Die Teilnehmer:innen beschäftigen sich mit dem Einzug Jesu in Jerusalem bis hin zur Kreuzigung und Auferstehung von Jesus Christus. Darüber hinaus werden christliche Symbole und Bräuche an Ostern wiederentdeckt, die so manche schöne Erinnerung wecken.

Im fünften Kapitel „**Gott für die Ernte danken**" tauschen sich die Teilnehmer:innen darüber aus, wie sie früher Erntedank gefeiert haben und welche Bräuche sie dazu kennen. Nicht zuletzt wird gezeigt, wie sie Sachen teilen, Erntedank feiern und innehalten und Gott, dem

Schöpfer, nicht nur, aber auch für die Ernte im vergangenen Jahr danken können.

Das sechste Kapitel „**Sankt Martin – Es werde Licht!**" hält jede Menge Praxisideen zum Sankt-Martins-Fest bereit. Die Teilnehmer:innen erinnern sich an die Legende vom Heiligen Martin, bei der wohl die Überlieferung der Mantelteilung seine bekannteste Tat ist. Neben den schönen Bräuchen zu Sankt Martin wird den Teilnehmer:innen bewusst gemacht, wie wichtig gerade auch in der heutigen Zeit das Teilen und Helfen ist.

Im siebten Kapitel „**Allerheiligen, Allerseelen und Ewigkeitssonntag**" geht es um deren Ursprung, Bedeutung und Bräuche. Zudem werden Rituale zum Abschied und zur Erinnerung an geliebte Menschen vorgestellt. Darüber hinaus wird den Senior:innen anschaulich gezeigt, was sie tun können, wenn sie aus irgendwelchen Gründen nicht den Friedhof besuchen können oder wollen.

Das achte Kapitel beinhaltet „**Segenswünsche zum Abschied**". Damit sind jedoch nicht nur die lieben Wünsche für Verstorbene gemeint. Vielmehr sollen die Teilnehmer:innen sich gegenseitig einen Segen zusprechen und somit auch ihrem Gegenüber etwas Gutes mit auf dem Weg geben. Auf diese Weise werden noch weitere Möglichkeiten vorgestellt, um miteinander ein christliches Fest oder einen christlichen Feiertag besonders harmonisch ausklingen zu lassen.

Zu den Praxisideen

Die Praxisideen aus diesem wertvollen Praxisbegleiter sind für den Stuhlkreis gedacht und so konzipiert, dass insbesondere Senior:innen mit gesundheitlichen Beeinträchtigungen gut daran teilnehmen können.

Es empfiehlt sich, jedes Seniorentreffen, zu dem gegebenenfalls auch die Kinder, Enkel- und Urenkelkinder der Senior:innen eingeladenen werden können, mit jeweils einer Praxisidee aus dem ersten Kapitel „Gott heißt uns willkommen" zu beginnen und gegebenenfalls auch mit jeweils einer Praxisidee aus dem achten Kapitel „Segenswünsche zum Abschied" zu beenden.

Sämtliche Praxisideen sind für Senior:innen geradezu ideal: Sie können im vertrauten Stuhlkreis auch mit einer größeren Anzahl an Personen mit und ohne Handicaps durchgeführt werden. Zudem gibt es jede Menge Praxisideen, die die Senior:innen gemeinsam mit ihren Enkeln und Urenkeln durchführen können.

Unabhängig davon, lassen mit zunehmenden Alter nicht nur die Seh- und Hörkraft, sondern auch die Koordination und Beweglichkeit nach. Deshalb sollten Sie darauf achten, dass alle eine geeignete Sitzgelegenheit erhalten und eine gute Armlänge entfernt zusammen im Kreis sitzen. Auf diese Weise hat jede Person ausreichend Platz, sodass alle in der Gruppe von Anfang an begeistert und motiviert mitmachen können. Das gibt älteren Menschen viel Sicherheit, Halt und Orientierung. Zudem wird so viel Vertrauen unter den Teilnehmer:innen geschaffen, was vor allem auch den Senior:innen gut tut, die von sich aus nicht so ohne Weiteres auf andere zugehen und soziale Kontakte knüpfen können.

Und noch etwas: Indem alle im Kreis gleich weit von der Mitte entfernt sitzen, fällt das aktive Mitmachen wesentlich einfacher. Im Kreis können alle sich besonders gut ansprechen, schneller miteinander kommunizieren, das Gesagte viel leichter verstehen und alles gut im Blick behalten. Dabei haben auch alle stets die Kreismitte vor Augen, die, so wie in den Kapiteln 2-7 beschreiben, mit thematisch passenden Farben und Gegenständen besonders einladend gestaltet werden kann. Das wiederum bietet sich für einen guten Gesprächseinstieg geradezu an.

Zur leichteren Orientierung werden übrigens bei jeder Praxisidee auch Angaben zu den Materialien, Liedern, Gedichten und Bibelstellen gemacht, sofern diese benötigt werden.

Ein besonderes Highlight sind gerade auch die Lieder und Angebote, die für Sie im Downloadbereich kostenlos zur Verfügung gestellt werden. So können Sie zum Beispiel einen Liedtext, den Sie gerade für Ihre Gruppe brauchen, mit großer Schrift für die Senior:innen ausdrucken, sodass alle besonders motiviert und engagiert mitmachen können.

Ziel ist es, die Senior:innen im vertrauten Kreis auf eine höchst unterhaltsame und einfühlsame Weise durch das Kirchenjahr zu begleiten, um ihnen Vertrauen, Hoffnung, Kraft und Zuversicht zu geben und natürlich in ihrem christlichen Glauben zu stärken.

Das Downloadmaterial zum Buch finden Sie unter www.neukirchener-verlage.de/zusatzmaterial (Passwort: Kreis23).

Gott heißt uns willkommen

Servus, Grüß Gott & Hallo! –
Gemeinsam anfangen

Es gibt viele schöne Bibelverse über das Willkommenheißen. Einer
davon lautet:

> „Darum nehmt einander an, gleichwie auch Christus uns
> angenommen hat, zur Ehre Gottes!"
> *Römer 15,7 (SLT)*

So wie Christus uns alle mit offenen Armen und ohne Vorbehal-
te überall aufnimmt und herzlich willkommen heißt, sollten auch
wir uns gegenseitig freundlich zugewandt sein und annehmen. Das
schafft Vertrauen und ein Zugehörigkeits- und Gemeinschaftsgefühl,
sodass sich jeder von uns wohl fühlen kann.

Im ersten Kapitel finden Sie nun wertvolle Praxisideen, die Ihnen zeigen, wie die Senior:innen sich im Stuhlkreis gegenseitig voller Freude
begegnen und willkommen heißen können. Sie eignen sich hervorragend zu Beginn einer jeden Zusammenkunft und läuten so auch
christliche Feste und Feiertage besonders schön und harmonisch zugleich ein, die Sie gemeinsam mit den Senior:innen und gegebenenfalls auch deren Familienangehörigen feiern können. Zudem werden
auch Möglichkeiten vorgestellt, wie die Teilnehmer:innen auch an
diejenigen Personen, die aus irgendwelche Gründen nicht aktiv teil-

nehmen können, auf eine besonders schöne Weise denken und für diese etwas Liebevolles machen können.

Zu alledem soll Jesus Christus, der stets in unserer Mitte ist, von uns allen herzlich willkommen geheißen werden.

Wertschätzende Worte

Material: für jede Person ein Notizblatt und ein Stift, eine Klangschale

Zu Beginn begrüßen Sie alle Senior:innen im Kreis. Danach lesen Sie Folgendes vor:

> „Wenn jemand einen lieben Brief erhält, wie oft fährt seine Hand in die Tasche und liest ihn von neuem?"

Lassen Sie die Senior:innen darüber nachdenken, ob sie das, was der schweizer Pfarrer und Erzähler Jeremias Gotthlef (1797-1854) uns durch die von ihm gestellte Frage zu verstehen geben möchte, nachvollziehen können. Vielleicht haben sie auch schon einmal eine Karte oder gar einen Brief von einem lieben Menschen erhalten. Wie oft wurde dann die Karte oder der Brief gelesen? Bestimmt mehr als einmal.

Liebe Worte tun einfach gut und sollten auch in der heutigen Runde nicht zu kurz kommen. Laden Sie die Senior:innen dazu ein, ein paar wertschätzende Worte einer anderen Person in der Runde schriftlich zukommen zu lassen. Das kann beispielsweise ein guter Wunsch, ein Kompliment oder ein Dankeschön für etwas Bestimmtes sein. Hierfür erhalten alle jeweils ein Notizblatt und einen Stift.

Während Sie nun ein paarmal hintereinander die Klangschale anschlagen, geben die Senior:innen ihre Zettel, auf denen sie etwas Schönes aufgeschrieben haben, von Hand zu Hand links im Kreis herum. Das geht jedoch nur so lange, bis der Klang verklungen ist. Danach dürfen die Zettel nicht mehr weitergereicht werden. Eine beliebige Person, die Sie namentlich benennen, darf dann das, was auf ihrem Zettel steht, laut vorlesen. Danach darf diejenige Person, die links neben ihr im Kreis sitzt, ebenfalls das, was sie soeben schriftlich erhalten hat, vorlesen.

Auf diese Weise geht's immer weiter, bis alle an der Reihe gewesen sind.

Am Schluss können Sie der Gruppe ein dickes Lob für die vielen herzergreifenden Worte aussprechen. Die Zettel dürfen die Senior:innen natürlich behalten, sodass sie die darauf aufgeschriebenen wertschätzenden Worte immer wieder lesen und sich ins Gedächtnis rufen können.

Willkommen heißen

Material: ein Greif- oder Softball, ein Gong oder eine Handtrommel

Den Ball werfen sich alle so lange gegenseitig zu, bis Sie den Gong kräftig anschlagen oder einfach einmal laut trommeln. Diejenige Person, die gerade den Ball in den Händen hält, erzählt kurz etwas über sich und wirft dann den Ball einer anderen Person zu. Dabei sagt sie laut:

„Ich heiße Sie/dich herzlich willkommen!"

Die betreffende Person bedankt sich und eröffnet mit dem Ball eine neue Spielrunde, indem sie kurz etwas über sich erzählt.

Auf diese Weise geht es so lange weiter, bis alle im Kreis ein bis zwei Sätze über sich erzählen und jemand anderen aus der Runde den Ball zuwerfen und somit auch die betreffende Person willkommen heißen konnten.

Am Schluss heißen Sie alle auch im Namen unseres Herrn Jesus Christi herzlich willkommen.

Seid allzeit fröhlich

Zu Beginn begrüßen Sie alle Senior:innen in der Runde. Dabei teilen Sie den Senior:innen mit, wie sehr Sie sich auf das Kommende freuen. Es ist schließlich ein Geschenk, wenn man Freude am Leben hat und diese auch mit anderen teilen kann. In diesem Zusammenhang können Sie den Senior:innen den folgenden Bibelvers vorlesen:

> „Freut euch, allezeit! Betet ohne Unterlass! Seid in allem dankbar; denn das ist der Wille Gottes in Christus Jesus für euch."
> 1 Thessalonicher 5,16-18 (SLT)

Im Anschluss daran können Sie den Senior:innen noch ausreichend Gelegenheit für ein stilles Gebet geben, damit sie Gott für die heutige Zusammenkunft und für das, worauf sie sich dann freuen dürfen, danken können.

Bin überall willkommen, weil ...

Material: ein aufblasbarer Globusball oder Softball

Zunächst heißen Sie alle im Kreis herzlich willkommen. Danach lesen Sie das folgende Zitat von Johann Wolfgang Goethe (1749-1832), einer der bedeutendsten Repräsentanten deutschsprachiger Dichtung, vor:

> „Bin überall willkommen, weil ich die Menschen lasse, wie sie sind, niemandem etwas nehme, sondern nur empfange und gebe."

Anschließend dürfen die Senior:innen, die gerne wollen, der Reihe nach kurz erzählen, wo und bei wem sie das letzte Mal herzlich aufgenommen wurden. Dabei können sie auch berichten, wie wichtig es ihnen ist, dass sich andere in ihrer Gegenwart wohl fühlen und was sie letztendlich alles dafür tun. Dabei kommt ein Globusball zum Einsatz, den diejenige Person erhält, die gerade das Wort hat. Danach wirft sie den Ball einer anderen Person zu, die sich per Handzeichen meldet.

Im Anschluss daran können Sie den Senior:innen berichten, dass vor allem auch Gott mit Liebe uns zugewandt ist und uns willkommen heißt, egal, woher man kommt.

Gott sei Dank

Material: ein rotes Herz aus Pappe, Holz oder Stoff

Es gibt viele Gründe, Gott für etwas zu danken, das passiert oder zum Glück nicht geschehen ist. In dieser Runde dürfen die Senior:innen sich auf Ihre Bitte hin überlegen, für was sie gerade dankbar sind und vielleicht auch gerne Gott von Herzen danken wollen. Die Antworten können sehr vielfältig sein und sich unter anderem auf eine überstandene Krankheit, das heutige Wiedersehen oder einfach die Vorfreude auf das Kommende beziehen.

Passend dazu erhält eine beliebige Person aus der Runde ein rotes Herz zum Beispiel aus Pappe. Während nun die Person das Herz in der Hand hält, berichtet sie der Gruppe in ein bis zwei Sätzen, für was sie besonders dankbar ist und gegebenenfalls auch Gott danken möchte. Danach übergibt sie derjenigen Person, die links neben ihr im Kreis sitzt, das Herz. Die betreffende Person erhält dann das Wort und erzählt der Gruppe, falls sie möchte, für was sie dankbar ist.

Auf diese Weise geht's immer weiter, bis alle im Kreis an der Reihe gewesen sind.

Im Anschluss daran können Sie der Gruppe mitteilen, wie sehr Sie Gott für die heutige Zusammenkunft danken und deshalb auch alle recht herzlich in der Runde willkommen heißen wollen.

Im christlichen Gotteshaus

Während Sie sich nun derjenigen Person, die links neben Ihnen im Stuhlkreis sitzt, zuwenden, sagen Sie Folgendes:

„Der Seniorennachmittag fängt nun an. Herzlich willkommen *(Namen einsetzen)*! Du/Sie bist/sind nun dran!"

Die betreffende Person tut es ihnen gleich, indem sie sich derjenigen Person zuwendet, die sich links neben ihr auf der Kreisbahn befindet. Zum Begrüßen verwendet sie ebenfalls den Spruch.

Auf diese Weise geht's immer weiter, bis Sie wieder an der Reihe sind.

In diesem Moment erzählen Sie den Senior:innen, dass auch die Kirche stets eine offene Tür für große und kleine, dicke und dünne, arme und reiche, gesunde und kranke Menschen hat. Denn im christlichen Gotteshaus ist jeder von uns, egal woher er kommt, herzlich willkommen.

Ich freue mich auf dich

Material: eine Klangschale mit Klöppel

Einer beliebigen Person, die gerne anfangen möchte, übergeben Sie einen Klöppel und legen ihr eine Klangschale auf die flache Hand. Dabei können Sie allen im Kreis erzählen, dass die Klangschale aus Tibet stammt, gerne zum Entspannen eingesetzt wird und dem Instrument der Glocke zuzuordnen ist.

Die ausgewählte Person schlägt dann auf Ihre Anweisung die Klangschale kräftig mit dem Klöppel an. Während nun der Klang erklingt, lässt sie behutsam die Klangschale auf die flache Hand derjenigen Person, die links neben ihr im Kreis sitzt, rutschen. Diese Person tut es ihr gleich, indem sie die Klangschale genauso im Uhrzeigersinn einen Platz weiterreicht. Auf diese Weise geht's immer weiter, bis der Klang verklungen ist. Daraufhin darf diejenige Person, die gerade die Klangschale in den Händen hält, eine Person im Kreis namentlich begrüßen, indem sie zum Beispiel sagt:

„Ich freue mich, dass Frau/Herr N.N. heute da ist!"

Danach übergeben Sie der ausgewählten Person die Klangschale mit dem Klöppel, sodass diese jetzt die Klangschale auf ihrer flachen Hand mithilfe des Klöppels anschlagen kann.

Das geht so immer weiter, bis alle im Kreis sich gegenseitig begrüßen konnten.

Am Schluss heißen Sie noch alle Anwesenden herzlich willkommen.

Gottes Wort ist die rechte Sonne

Material: ein Gymnastikreifen, für jede Person, die zu der Gruppe gehört, jeweils ein Chiffontuch in Gelb, Orange oder Rot

Zu Beginn legen Sie einen Gymnastikreifen in die Kreismitte und drücken dann jeder Person ein Chiffontuch in die Hand. Danach falten alle ihre Tücher zu einem Dreieck, das sie schließlich einrollen.

Eine beliebige Person, die Sie nun auswählen, darf aufstehen und zu dem Reifen gehen. Dort angekommen, ordnet sie ihr eingerolltes Tuch wie einen Sonnenstrahl am Reifen an. Dabei kann sie den anderen mitteilen, auf was sie sich heute besonders freut. Das kann beispielsweise das gute Miteinander, die tiefgründigen Gespräche oder gar das gemeinsame Beten sein. Sobald jedoch die betreffende Person wieder auf ihrem Platz sitzt, darf diejenige Person, die sich links neben ihr auf der Kreisbahn befindet, ihr eingerolltes Tuch genauso am Reifen anordnen und über das sprechen, auf das sie sich jetzt schon freut.

Auf diese Weise geht's immer weiter, bis alle an der Reihe gewesen sind. Sollten jedoch Senior:innen aus irgendwelchen Gründen fehlen, dann ordnen Sie für die betreffenden Personen, die Sie auch namentlich erwähnen, jeweils ein eingerolltes Tuch so wie bereits beschrieben direkt am Reifen an. Dabei können Sie der Gruppe sagen, dass Sie sich jetzt schon auf ein Wiedersehen mit den betreffenden Personen freuen.

Im Anschluss können Sie den deutschen Theologen Martin Luther (1483-1546) zitieren, der Folgendes zum Besten gab:

„Gottes Wort ist die rechte Sonne, die uns den ewigen Tag gibt, zu leben und fröhlich zu sein!"

In diesem Sinne können Sie allen im Kreis ganz viel Freude und gute Gespräche im heutigen Seniorenkreis wünschen.

Grüß euch Gott

Das altbekannte französische Kinderlied „Frère Jacques" („Bruder Jakob") ist eigentlich ein vierstimmiger Kanon. Indem man den Text etwas ändert, eignet es sich auch als Begrüßungslied, das Sie so zunächst einmal Ihrer Seniorengruppe vorsingen können:

Bruder Jakob! Bruder Jakob!
Schlaft ihr noch? Schlaft ihr noch?
Hört ihr nicht die Glocken? Hört ihr nicht die Glocken!
Ding, dang, dong! Grüß euch Gott!

Danach teilen Sie die Gruppe in vier gleich große Gruppen ein, die am besten nebeneinander im großen Kreis sitzen. Bevor es jedoch losgeht, vereinbaren Sie gemeinsam mit den Senior:innen ein Handzeichen für den Schluss des Gesangs.

Danach fängt die erste Gruppe an, das Lied so wie gewohnt zu singen. Wenn sie das zweite Mal „Schlaft ihr noch?" gesungen haben, setzt die zweite Gruppe ein und beginnt das Lied von vorne, während die erste Gruppe weiter singt. Konnte die zweite Gruppe das zweite Mal „Schlaft ihr noch?" singen, setzt die dritte Gruppe ein und singt von vorne und so weiter. Erfolgt das zuvor vereinbarte Zeichen Ihrerseits, kann jede Gruppe ihren Teil bis zum Ende singen.

Vorfreude, allerschönste Freude

Material: für jede Person, die zur Gruppe gehört, jeweils ein LED-Teelicht, ein großer Stern aus Holz oder Pappe

Während die Senior:innen zusammen im Kreis sitzen, legen Sie einen großen Stern beispielsweise aus Holz in die Kreismitte. Danach teilen Sie die Teelichter aus und stellen, falls Personen aus irgendwelchen Gründen fehlen sollten, die restlichen Teelichter in der Nähe vom Stern auf den Boden.

Danach begrüßen Sie eine beliebige Person namentlich, die nun ihr Teelicht einschalten darf. Sie berichtet in ein bis zwei Sätzen, auf wen oder was sie sich heute besonders freut. Danach steht sie auf, um ihr Teelicht auf den Stern zu platzieren. Falls Sie jedoch nicht so gut zu Fuß sein sollte, können Sie das für die betreffende Person tun. Unabhängig davon, darf jetzt diejenige Person, die links neben der vorherigen Person im Kreis sitzt, ihr Teelicht einschalten und genauso berichten, worauf sie sich heute freut.

Auf diese Weise geht's immer weiter, bis alle Teelichter auf dem Stern leuchten.

Anschließend dürfen Sie, falls Personen aus der Runde fehlen sollten, für diese jeweils ein Teelicht einschalten und auf den Stern platzieren. Dabei können Sie der Seniorengruppe auch mitteilen, wie sehr sie sich auf ein Wiedersehen mit den betreffenden Personen freuen. Zuletzt schalten Sie ihr Teelicht ein, das sie ebenfalls auf dem Stern platzieren. Das wäre für Sie nun die Gelegenheit, um alle zusammen im Kreis herzlich willkommen zu heißen.

Willkommen zur Nikolausfeier

Die folgende Praxisidee eignet sich für den Beginn der Nikolausfeier im Adventskreis. Hierfür wurde die erste Strophe des traditionellen Nikolausliedes aus dem 19. Jahrhundert „Lasst uns froh und munter sein!" etwas geändert, die nun alle zusammen im Kreis singen:

> Lasst und froh und munter sein
> und uns recht von Herzen freu'n.
> Lustig, lustig, tralalalala,
> nun ist unsere Feier da,
> nun ist unsere Feier da!

Im Anschluss daran heißen Sie alle recht herzlich zur Nikolausfeier willkommen.

Ich verkündige euch große Freude

Material: eine LED Kerze

Sobald Sie die Seniorengruppe herzlich begrüßt haben, lesen Sie die folgende Bibelstelle vor:

> „Und der Engel sprach zu ihnen: Fürchtet euch nicht! Denn siehe, ich verkündige euch große Freude, die dem ganzen Volk widerfahren soll. Denn euch ist heute in der Stadt David, der Retter geboren, welcher ist Christus, der Herr. Und das sei für euch das Zeichen: Ihr werdet ein Kind finden, in Windeln gewickelt, in der Krippe liegend."
> *Lukas 2, 10-12 (SLT)*

Im Anschluss daran machen Sie den Senior:innen bewusst, dass mit Jesus Christus das Licht in die Welt gekommen ist. Denn wer ihm folgt, wird niemals in der Finsternis wandeln, sondern wird das Licht des ewigen Lebens haben. Somit ist das die eigentliche Weihnachtsbotschaft.

Übergeben Sie nun irgendeiner Person aus der Runde eine eingeschaltete Kerze, mit der sie auf eine andere zugehen darf, um etwas Positives zu äußern, wie beispielsweise für sie da zu sein und, falls nötig, zu helfen. In der Weihnachtszeit kann man der ausgewählten Person jedoch auch einfach „Frohe Weihnachten!" oder „Ein gesegnetes Weihnachtsfest" wünschen.

Während nun die Person wieder auf ihren Platz zurückgeht, darf nun die andere mit der leuchtenden Kerze in der Hand genauso auf eine andere mit einem guten Wunsch im Gepäck zugehen. Sollte jedoch die Person nicht so gut zu Fuß sein, dann bleibt sie einfach sitzen und Sie übergeben an ihrer Stelle die leuchtende Kerze der betreffenden Person.

Erst wenn alle mit einem guten Wunsch im Gepäck jemandem aus der Runde die leuchtende Kerze überreichen konnten, teilen Sie den Senior:innen mit, wie schön es ist, mit so vielen guten Wünschen den Seniorentreff (oder das Fest) beginnen zu dürfen.

Eine Osterkerze für dich

Material: eine große LED-Osterkerze, die mit dem Kreuz, dem Alpha und Omega, der Jahreszahl und evtl. weiteren Symbolen geschmückt ist

In der Kreismitte begrüßen Sie mit der leuchtenden Osterkerze in der Hand alle Anwesenden. Fragen Sie die Senior:innen, was der erste und der letzte Buchstabe des klassischen griechischen Alphabets auf der traditionellen und hoffnungsvollen Osterkerze bedeuten. Vielleicht wissen sie, dass diese einen Bezug auf die Offenbarung 22,13 haben, die wie folgt lautet:

„Ich bin das A und das O, der Anfang und das Ende,
der Erste und der Letzte."
Offenbarung 22,13 (SLT)

Sie symbolisieren also den Anfang und das Ende und erinnern an das Leiden und die Auferstehung Jesu Christi. Und was bedeutet die Jahreszahl auf der Kerze? Sie gibt an, wann die Kerze geweiht wurde und symbolisiert das Hier und Jetzt. Die Osterkerze wird in der Osternacht zum ersten Mal entzündet. Nach dem Ende der Osterzeit brennt sie immer, wenn es um Licht und Auferstehung geht, wie zum Beispiel bei einer Taufe und an Allerheiligen.

Nach dem Gesprächseinstieg übergeben Sie die Osterkerze einer beliebigen Person, die sich derjenigen Person zuwendet, die links neben ihr im Kreis sitzt, um diese zu begrüßen und die Kerze mit einem guten Wunsch für den heutigen Tag zu überreichen. Die Person tut es ihr gleich und überreicht die Kerze wiederum derjenigen Person, die links neben ihr im Kreis sitzt.

Auf diese Weise wandert nun die Kerze so lange links im Kreis herum von Hand zu Hand, bis die erste Person wieder die Kerze in der Hand hält.

Gutes tun und mit anderen teilen

Während die Senior:innen zusammen im Kreis sitzen, begeben Sie sich in die Kreismitte und begrüßen die Gruppe. Fragen Sie nun die Senior:innen, was sie miteinander teilen können. Mögliche Antworten können sein: Freude, Erlebnisse, Erfahrungen, Hobbys, Nahrung, Kleidung, Humor und Wissen. Im Anschluss daran lesen Sie die die folgende Bibelstelle vor:

„Wohlzutun und mitzuteilen vergesset nicht;
denn solche Opfer gefallen Gott wohl."
Hebräer 13,16 (Luther 1912)

Dabei deuten Sie bei jeder Silbe im Uhrzeigersinn auf die einzelnen Senior:innen. Diejenige Person, auf die Sie als Letztes deuten, begrüßen Sie herzlich. Die betreffende Person darf nun den anderen, falls sie möchte, mitteilen, worauf sie sich heute in der Gruppe besonders freut und was sie gerne auch mit anderen teilen möchte.

Danach lesen Sie erneut die oben genannte Bibelstelle vor und deuten dabei wieder bei jeder Silbe auf die einzelnen Senior:innen links im Kreis herum.

Auf diese Weise geht's so lange weiter, bis alle Senior:innen begrüßt und zu Wort gekommen sind. Sollten Sie jedoch auf eine Person abermals deuten, dann gehen Sie einfach auf eine andere Person zu, die noch nicht an der Reihe gewesen ist.

Am Schluss können Sie den Senior:innen mitteilen, wie sehr Sie sich auf die schönen Momente freuen, die sie nun miteinander teilen können.

Lehr, o Gott, mich Gutes tun

Die folgende Weisheit stammt von dem deutschen evangelischen Pfarrer Philipp Friedrich Hiller (1699-1769), der auch ein bedeutender Kirchenlieddichter des württembergischen Pietismus gewesen ist:

„Lehr, o Gott, mich Gutes tun
und im Treusein nicht erliegen!
Denn die Zeit dazu ist nun,
und sie wird so schnell verfliegen.
Wenn man gleich was Kleines tut:
Ist's nur gut, so ist es gut."

Nachdem Sie das vorgelesen haben, begrüßen Sie alle recht herzlich im Kreis. Teilen Sie den Senior:innen mit, dass Sie die Zeit in der Gruppe auch dazu nutzen wollen, um Gutes zu tun. Das kann allein schon durch die nachfolgenden Praxisideen geschehen, die beispielsweise zum Nachdenken und Sprechen sowie Kontakteknüpfen anregen können. Fragen Sie die Senior:innen, wie sie die gemeinsame Zeit in der Gruppe am liebsten nutzen wollen. Was wünschen sie sich von den anderen? Wie sollte der Seniorentreff ihrer Meinung nach verlaufen? Wer möchte, darf sich dazu äußern und somit die anderen an seinen Gedanken teilhaben lassen.

Von ganzem Herzen

Material: ein großes Herz aus Pappe, Plastik o. Ä.

Mit einem großen Herz aus Pappe in der Hand setzen Sie sich zwischen zwei Senior:innen im Kreis und lesen das folgende Zitat von dem deutschen Theologen und Reformer Martin Luther (1483-1546) vor:

> „Christen, die beten, sind wie Säulen,
> die das Dach der Welt tragen."

Begrüßen Sie nun alle Senior:innen in der Runde. Dabei machen Sie auch auf diejenigen aufmerksam, die gerade im Kreis fehlen, aus irgendwelchen Gründen längerfristig nicht mehr zu der Seniorengruppe kommen können oder vielleicht sogar nicht mehr unter uns weilen. Indem Sie das rote Herz hochheben, können Sie eindrucksvoll darstellen, dass sie gerade auch sie nun gerne im gemeinsamen Gebet von ganzem Herzen einschließen möchten.

Während nun alle die Hände zum Gebet falten, sagen Sie zum Beispiel laut:

> „Herr, wir sind heute zusammenkommen, um miteinander
> zu reden, füreinander da zu sein und vor allem auch unseren
> christlichen Glauben zu teilen. Leider sind wir nicht vollzählig,

sodass wir gerade auch diejenigen Personen in unser Gebet einschließen wollen, die aus irgendwelchen Gründen nicht bei uns sein können."

Nach einer kurzen Atempause können Sie nun die Senior:innen zu einem stillen Gebet einladen.

Lasst Blumen sprechen

Material: für jede Person eine Blume, eine Blumenvase

Zur Begrüßung stellen Sie eine Vase mit einem Blumenstrauß in die Kreismitte.

Danach teilen Sie die Senior:innen mit, wer aus der Gruppe schon seit längerer Zeit leider nicht mehr aktiv teilnehmen kann. Passend dazu machen Sie die Senior:innen auf ein altes deutsches Sprichwort aufmerksam, das wie folgt lautet:

„Lasst Blumen sprechen!"

Während Sie sich nun den Blumenstrauß holen und jeder Person im Kreis eine Blume übergeben, sollen sich alle Gedanken darüber machen, welche guten Wünsche sie der betreffenden Person zukommen lassen können.

Danach dürfen die Senior:innen der Reihe nach ihre Blumen wieder in die Vase stellen und dabei derjenigen Person, die seit längerer Zeit fehlt, jeweils etwas Gutes wünschen. Das kann beispielsweise bei einer Krankheit eine gute Genesung, Erholung oder ganz viel Kraft sein.

Den Blumenstrauß können Sie oder eine andere Person aus der Gruppe dann derjenigen Person, die heute nicht anwesend sein kann, zukommen lassen.

Der Herr denkt an uns

Material: für jede Person, die heute nicht anwesend sein kann, eine Genesungskarte, ein Stift

Zu Beginn begrüßen Sie alle Anwesenden recht herzlich. Sollte eine Person oder sollten gar mehrere Personen schon seit längerer Zeit aufgrund einer Krankheit fehlen, können Sie für diese jeweils eine Genesungskarte holen, auf der Sie den ersten Satz aus dem Psalm 115,12 schreiben:

> „Der HERR denkt an uns und wird uns segnen."
> *Psalm 115:12 (HFA)*

Unter diesem Satz können Sie hinzufügen:

„Wir wünschen Ihnen/Dir eine gute Genesung und freuen uns auf ein Wiedersehen!"

Alle Anwesenden erhalten nun der Reihe nach die Karte, um diese zu unterschreiben. Die Karte können Sie dann per Post versenden oder direkt in den Briefkasten der betreffenden Person einwerfen.

Im Anschluss daran wiederholen Sie bis zu dreimal den ersten Satz aus der Bibel, sodass alle noch einmal intensiv darüber nachdenken können. Wer möchte, darf nun der Gruppe mitteilen, wie ihm der Glaube in schwierigen Zeiten Kraft, Hoffnung und Zuversicht gegeben hat.

Warten auf das Christkind

Die Adventszeit entdecken & erleben

Das Wort „Advent" stammt aus dem Lateinischen („adventus") und bedeutet Ankunft. Im Advent warten Christen auf die Ankunft des Kindes in der Krippe bzw. den Geburtstag Jesu Christi, des Sohnes Gottes, der Mensch geworden ist. Die Adventszeit beginnt mit der Vesper am Vorabend des ersten Adventssonntags und endet mit dem Gottesdienst an Heilig Abend sowohl in der katholischen als auch evangelischen Kirche.

Insgesamt handelt es sich um eine besonders stimmungsvolle Zeit, die durch viele schöne Bräuchen und Traditionen geprägt ist. So werden beispielsweise leckere Weihnachtsplätzchen gebacken, besinnliche Adventslieder gesungen, Nikolaus- und Adventsgeschichten im Lichterglanz vorgelesen, aber auch verstärkt Geld und Ware an die Bedürftigen gespendet.

In diesem Kapitel wird gezeigt, wie Sie gemeinsam mit den Senior:innen den wahren Grund für Weihnachten (wieder-)entdecken können. Miteinander besinnen sich die Teilnehmer:innen natürlich auch auf die christlichen Werte, die in der Adventszeit eine zentrale Bedeutung haben. Dazu gehören unter anderem Glaube, Liebe, Freude, Hoffnung und Frieden. Auf vielfältige Weise werden sie natürlich auch an viele Rituale in der Vorweihnachtszeit erinnert, die sie bereits aus ihrer Kindheit kennen und ihnen immer noch sehr wichtig sein können. Indem sie die anderen aus ihrer Gruppe daran teilhaben lassen, findet ein intensiver Erfahrungsaustausch statt, bei dem sie viele Gemeinsamkeiten entdecken und Neues dazu lernen können.

Die nachfolgenden Praxisideen können Sie je nach Bedarf und somit individuell für Ihre Gruppe zusammenstellen. Sie eigenen sich bestens für das Seniorentreffen im Adventskreis, aber auch für eine kleine Advents- und Nikolausfeier.

Komm in unseren Adventskreis

Material: ein kleiner Tisch, eine violette Tischdecke, ein Adventskranz mit vier LED-Kerzen

Bereiten Sie einen Stuhlkreis vor, in dessen Kreismitte Sie einen kleinen Tisch stellen, auf dem Sie eine violette Tischdecke ausbreiten. Das ist die liturgische Farbe zu den Gottesdiensten im Advent. Auf der violetten Tischdecke platzieren Sie dann einen Adventskranz. Je nachdem, welcher Advent gerade ist, schalten sie die entsprechende Anzahl an Kerzen an. Danach laden Sie alle Senior:innen in den Stuhlkreis ein.

Miteinander können Sie dann zum Beispiel die Praxisidee „Vorfreude, allerschönste Freude" (s. S. 21) durchführen.

Verse zum Advent

Material: eine Klangschale, für die Hälfte der Gruppe jeweils ein Schellenkranz und für die andere Hälfte der Gruppe jeweils ein Glöckchen

Zu Beginn teilen Sie die Instrumente im Kreis aus. Bevor Sie jedoch das Gedicht „Verse zum Advent", das von dem deutschen Schriftsteller Theodor Fontane (1819-1898) stammt, vorlesen, bitten Sie alle Senior:innen ihre Instrumente dann so, wie unten beschrieben, zum Einsatz zu bringen:

Noch ist Herbst nicht ganz entflohen,
aber als Knecht Ruprecht schon
kommt der Winter hergeschritten,
und alsbald aus Schnees Mitten
klingt des Schlittenglöckleins Ton.
Mit den Schellenkränzen läuten

Und was jüngst noch, fern und nah,
bunt auf uns hernieder sah,
weiß sind Türme, Dächer, Zweige
und das Jahr geht auf die Neige,
und das schönste Fest ist da.
Mit den Glöckchen läuten

Tag du der Geburt des Herrn,
heute bist du uns noch fern,
aber Tannen, Engel und Fahnen
lassen uns den Tag schon ahnen,
und wir sehen schon den Stern.
Klangschale wird nun durch Sie selbst angeschlagen

Im Anschluss daran können Sie die Senior:innen fragen, was die Adventszeit für sie bedeutet. Welche Werte werden damit verbunden? Das kann zum Beispiel Zeit für mehr Gemeinschaft, Ruhe und Besinnung sein. Konnten alle Senior:innen, die etwas beitragen wollten, sich dazu äußern, können Sie die Senior:innen fragen, welche Kindheitserinnerungen sie mit der Adventszeit verbinden. Das kann der Adventsgottesdienst sein, der mit der ersten Vesper des Adventssonntags beginnt. Es kann aber auch das Plätzchen backen, etwas Adventliches basteln und der Besuch des einen oder anderen Weihnachtsmarkts sein.

Advents-Quiz

Material: für jedes Team eine Glocke mit Stiel, jede Menge Strohsterne

Zu Beginn dürfen immer zwei bis drei Senior:innen im Adventskreis etwas näher zusammenrücken und so jeweils ein Team bilden. Danach laden Sie die Teams zu einem Advents-Quiz ein, das ein gutes Gehirnjogging ist. Dabei wird nur ein bestimmter Wissensbereich und nicht das Allgemeinwissen getestet.

Jedes Team erhält nun von Ihnen einen Glocke mit Stiel, die den Buzzer ersetzt. Zu jeder Frage, die Sie für alle vorlesen, gibt es immer drei Antwortmöglichkeiten zur Auswahl, die Sie ebenfalls vorlesen. Dasjenige Team, das als erstes läutet, darf mit dem seiner Meinung nach dazu passenden Buchstaben antworten. Wurde die Frage falsch beantwortet, erhalten alle übrigen Teams jeweils einen Punkt bzw. einen Strohstern. Sollte jedoch das Team, das gerade an der Reihe ist, recht behalten, dann bekommt nur diese Team einen Strohstern.

Am Ende gewinnt das Team, das die meisten Fragen korrekt beantworten und somit auch die größte Anzahl an Strohsternen sammeln konnte.

1. **Wann fängt das römisch-katholische und das evangelische Kirchenjahr an?**
   a) Am 1. Adventssonntag **(Lösung)**
   b) Am 1. Dezember
   c) Am 24. Dezember

2. **Was bedeutet das lateinische Wort „Advent" übersetzt?**
   a) Beginn
   b) Ankunft **(Lösung)**
   c) Warten

3. **Welches Lied ist ein typisches Adventslied?**
   a) Es ist ein Ros' entsprungen
   b) Vom Himmel hoch, da komm ich her
   c) Macht hoch die Tür **(Lösung)**

4. **Was bezweckt ein Adventskalender?**
   a) Er soll die Wartezeit auf das große Fest verkürzen und die Vorfreude steigern **(Lösung)**.
   b) Er soll das Kalenderblatt für den Dezember ersetzen.
   c) Er soll uns daran erinnern, dass das neue Kirchenjahr angefangen hat.

5. **Wer hat den Adventskranz erfunden?**
   a) Der Mönch und Theologe Martin Luther (1483-1546)
   b) Der evangelische Theologe und Pädagoge Johann Hinrich Wichern (1808 -1881) **(Lösung)**
   c) Der Heilige Nikolaus von Myra (270 -343)

6. **Wann eröffnen gewöhnlich die ersten Weihnachtsmärkte?**
   a) Nach dem Totensonntag **(Lösung)**
   b) Am 1. Adventssonntag
   c) Am 1. Dezember

7. **Weshalb wird zwanzig Tage vor Weihnachten ein Zweig eines Kirschbaums in eine Vase gestellt?**
   a) Zum Gedenken an die Heilige Barbara **(Lösung)**
   b) Zum Gedenken an den Heiligen Sankt Nikolaus
   c) Ein schöner christlicher Brauch zu Beginn der Adventszeit

8. **Am 06. Dezember ist Nikolaustag. Wer ist Nikolaus?**
   a) Ein Heiliger der Katholischen Kirche **(Lösung)**
   b) Ein Pfarrer der Evangelischen Kirche
   c) Ein Weihnachtsmann, der den Kindern Geschenke bringt

9. **Der Heilige Sankt Nikolaus trägt ...**
   a) ... eine Zipfelmütze und einen Mantel mit Pelz. Er trägt einen Sack mit Geschenken in der Hand.
   b) ... eine rote Pudelmütze und einen roten Mantel. Er trägt einen Rucksack mit Geschenken auf dem Rücken.
   c) ... eine Mitra auf dem Kopf, eine Albe, eine Stola und einen Mantel. Er trägt auch einen Bischofsstab in der Hand **(Lösung)**.

10. **Wer ist der Schutzpatron der Kinder, Armen, Pilger und Seeleute?**
    a) Der Weihnachtsmann
    b) Der Nikolaus **(Lösung)**
    c) Knecht Ruprecht

11. **Wie wird ein Adventskalender lebendig?**
    a) Durch verschiedene Leckereien, die sich im Adventskalender befinden.
    b) Durch Menschen, die sich jeden Tag im Advent vor Türen, Fenstern, Geschäften usw. treffen, um zum Beispiel gemeinsam Adventslieder zu singen **(Lösung)**.
    c) Durch Adventslieder, die man jeden Tag bis Weihnachten singt.

12. **Was findet man im Advent in fast jeder christlichen Wohnung?**
    a) Einen Adventskranz **(Lösung)**
    b) Weihnachtsgebäck
    c) Einen Weihnachtsstern

Downloadbereich
Advents-Quiz

Macht hoch die Tür

Material: für jede Person eine Kopie des Liedtextes „Macht hoch die Tür"

Zu Beginn teilen Sie die Kopiervorlagen aus. Danach lesen Sie die erste Strophe des Liedes „Macht hoch die Tür", die als Gesprächseinstieg dient, langsam und deutlich vor:

„Macht hoch die Tür, die Tor macht weit;
es kommt der Herr der Herrlichkeit,
ein König aller Königreich,
ein Heiland aller Welt zugleich,
der Heil und Leben mit sich bringt;
derhalben jauchzt, mit Freuden singt:
Gelobet sei mein Gott;
mein Schöpfer reich von Rat."

Wer kennt die Strophe oder gar das ganze Lied?, Wann und wo wird es gerne gesungen? Und wer hat das Lied getextet?

Wissen die Senior:innen, dass es sich um eines der bekanntesten Kirchenlieder in der Vorweihnachtszeit handelt, dessen Text von dem evangelischen Pfarrer und Kirchenliederdichter Georg Weissel (1590-1635) stammt? Dann können Sie den Senior:innen auch erzählen, dass die Verse des Liedtexts, den Georg Weissel schrieb, auf den Psalm 24 zurückgehen.

An dieser Stelle können Sie den Senior:innen auch bewusst machen, dass Weissel das Kirchenlied zur Einweihung seiner Pfarrkirche schrieb. Der Wunsch, der dahinter steckte war klar: Der Herr soll nicht nur in die neue Kirche, sondern auch in die Herzen der Menschen einziehen. Das wird dann auch in den Strophen 3 und 4 des Liedes „Macht hoch die Tür, die Tor macht weit" zum Ausdruck gebracht, das nun alle gemeinsam singen:

1. Macht hoch die Tür, die Tor macht weit;
es kommt der Herr der Herrlichkeit,
ein König aller Königreich,
ein Heiland aller Welt zugleich,
der Heil und Leben mit sich bringt;
derhalben jauchzt, mit Freuden singt:
Gelobet sei mein Gott,
mein Schöpfer reich von Rat.

2. Er ist gerecht, ein Helfer wert;
Sanftmütigkeit ist sein Gefährt,
sein Königskron ist Heiligkeit,
sein Zepter die Barmherzigkeit;
all unsre Not zum End er bringt,
derhalben jauchzt, mit Freuden singt:
Gelobet sei mein Gott,
mein Heiland groß von Tat.

3. O wohl dem Land, o wohl der Stadt,
so diesen König bei sich hat.
Wohl allen Herzen insgemein,
da dieser König ziehet ein.
Er ist die rechte Freudensonn,
bringt mit sich lauter Freud und Wonn.
Gelobet sei mein Gott,
mein Tröster früh und spat.

4. Macht hoch die Tür, die Tor macht weit,
eu'r Herz zum Tempel zubereit'.
Die Zweiglein der Gottseligkeit
steckt auf mit Andacht, Lust und Freud;
so kommt der König auch zu euch,
ja, Heil und Leben mit zugleich.
Gelobet sei mein Gott,
voll Rat, voll Tat, voll Gnad.

5. Komm, o mein Heiland Jesu Christ,
meins Herzens Tür dir offen ist.
Ach zieh mit deiner Gnade ein;
dein Freundlichkeit auch uns erschein.
Dein Heilger Geist uns führ und leit
den Weg zur ewgen Seligkeit.
Dem Namen dein, o Herr,
sei ewig Preis und Ehr.

Downloadbereich
Liedtext: Macht hoch die Tür

Adventsbräuche

Material: ein kleiner Nikolaussack

Die folgende Praxisidee verläuft so ähnlich wie das altbekannte Spiel „Ich packe meinen Koffer!" Anstelle eines Koffers dürfen die Senior:innen nun verschiedene Bräuche in der Adventszeit benennen, die sie dann in den Nikolaussack „packen". Dazu erhält eine beliebige Person von Ihnen einen kleinen Jutesack und somit das Wort.

Die betreffende Person sagt beispielsweise: „Zur Adventszeit gehört ein Adventskranz!" Danach übergibt sie den Sack derjenigen Person, die links neben ihr im Kreis sitzt. Die betreffende Person wiederholt das Gesagte und fügt dann etwas Neues hinzu, das dazu passt. Anschließend übergibt sie den Sack der nächsten Person im Kreis.

Auf diese Weise geht's so lange weiter, bis alle Senior:innen die zuvor erwähnten Sachen wiederholen und jeweils etwas Neues hinzufügen konnten. Sollte jemand nicht mehr weiter wissen, dürfen die anderen behilflich sein.

Das Spiel ist beendet, sobald die erste Person wieder den Sack in den Händen hält.

Weitere Beispiele:
Adventskalender, Nikolausfeier, Adventsbasteln, Adventsgottesdienste, Weihnachtsmärkte, Adventslieder, Adventsgeschichten, Plätzchen und Waffelnbacken

Einfachere Variante:
Es verläuft alles so wie bereits beschrieben, jedoch braucht diejenige Person, die gerade an der Reihe ist, nicht mehr das, was die Personen zuvor erwähnt haben, aufzählen.

Adventserinnerungen

Material: ein Foto, auf dem Sie als Kind abgebildet sind, eine goldene Weihnachtskugel

Für diese Praxisidee zeigen Sie den Senior;innen ein Foto, auf dem Sie als Kind abgebildet sind. Erzählen Sie den Senior:innen kurz etwas Schönes, das sie als Kind in der Vorweihnachtszeit erlebt haben. Dabei können Sie beispielsweise sagen:

„Ich wurde am ... in ... geboren. Wir lebten in der Stadt (oder auf einem Dorf) mit ca. ... Einwohnern. Ich hatte noch ... (oder keine) Geschwister. Ich erinnere mich noch gut an den Advent, als ich noch ein Grundschulkind war: In der Schule haben wir gemeinsam einen Adventskranz aus Tannenreisig gebunden (oder gekauft) und ..."

Anschließend können Sie Gott für die schönen Dinge aus längst vergangenen Tagen im Advent danken, wohlwissend, dass vielleicht nicht alle in der Runde sofort etwas Schönes mit Advent und ihrer eigenen Kindheit in Verbindung bringen können. Dementsprechend können Sie beispielsweise Folgendes sagen:

„Lieber Gott, ich danke dir für die schönen Dinge im Advent, die ich als Kind erleben durfte. Ich weiß jedoch auch, dass gerade in der Vorweihnachtszeit nicht immer alles so harmonisch verlaufen muss, da wir oftmals eine viel zu hohe Erwartungshaltung haben. Dennoch möchte ich mich vor allem auf die schönen Dinge im Advent besinnen, die man nicht nur als Kind, sondern auch im fortgeschrittenen Alter erleben kann und für die ich mich nun bei dir von Herzen bedanken möchte."

Im Anschluss daran dürfen die Senior:innen der Reihe nach die anderen ebenfalls an ihren Kindheitserinnerungen teilhaben lassen und dabei auch Gott, falls sie möchten, für die schöne Zeit im Advent, die sie als Kind oder vielleicht auch jetzt erst im fortgeschrittenen Alter erleben durften, danken. Damit jedoch alle sofort erkennen, wer gerade das Wort hat, bekommt immer diejenige Person, die an der Reihe ist, eine schöne, goldene Weihnachtskugel von Ihnen in die Hand gedrückt, deren Form ohne Anfang und Ende die Ewigkeit versinnbildlich. Die goldene Farbe steht für Klarheit und den Sieg des Guten über das Böse und kann in diesem Fall sozusagen auch an die guten Zeiten voller Glück und Harmonie erinnern. Unabhängig davon fühlt sich die runde Kugel harmonisch und gut in den Händen an.

Schoko-Nikoläuse, Zimtsterne & Co.

Material: fünf bis sechs grüne DIN A5 Tonpapiere, Werbeprospekte mit Dingen passend zum Advent, Schere und Klebstoff

Vorbereitung
Schneiden Sie zunächst etwas Bestimmtes passend zum Advent aus wie beispielsweise Lebkuchenherzen, Lichterbogen oder einen Schoko-Nikolaus. Die Bilder kleben sie auf jeweils ein Tonpapier. Die einzelnen Bilder legen Sie dann im Innenkreis auf den Boden.

Spielverlauf

Die Teilnehmer:innen prägen sich nun die einzelnen Bilder auf den Tonpapieren gut ein. Während nun alle auf Ihre Bitte hin die Augen schließen, drehen Sie die Bildkarten um. Danach bitten Sie alle, wieder ihre Augen zu öffnen und zeigen auf ein x-beliebiges Tonpapier. Wer weiß, was auf dem Tonpapier abgebildet ist? Die betreffenden Personen melden sich per Handzeichen und geben der Reihe nach ihre Vermutung preis. Zur Kontrolle drehen Sie das Tonpapier wieder um. Danach dürfen alle, die gerne möchten, nacheinander erzählen, welche Erinnerungen sie mit dem Bild auf dem Tonpapier verbinden. So kann beispielsweise ein Schoko-Nikolaus wunderschöne Kindheitserinnerungen im Hinblick auf den Nikolaustag wecken. Dabei kann die betreffende Person auch erzählen, dass sie stets am Nikolaustag ein Nikolaus aus Schokolade oder Marzipan in ihrem blank geputzten Stiefel gefunden hat.

Nach der kurzen Reise in die Vergangenheit, fängt eine neue Spielrunde an, bei der Sie wieder auf ein verdecktes Bild zeigen, sobald alle Teilnehmer:innen ihre Augen geschlossen haben.

Auf diese Weise geht's immer wieder, bis alle Bilder offen daliegen.

Leise rieselt der Schnee

Material: für jede Person eine Kopie des Liedtextes „Leise rieselt der Schnee"

Erzählen Sie den Senior:innen, dass das Lied „Leise rieselt der Schnee" eines der bekanntesten Kinderlieder für die Vorweihnachtszeit ist. Es steigert die Vorfreude auf die Geburt Jesu Christi und wurde vom evangelischen Pfarrer Eduard Ebel (1839-1905) gedichtet. Danach teilen Sie die Kopiervorlagen aus. Während nun die Senior:innen gemeinsam das Lied singen, dürfen sie auch die dazu passenden Bewegungen machen:

1. Leise rieselt der Schnee,
Arme über den Kopf so weit wie möglich ausstrecken
und langsam wieder senken. Dabei die Finger zappeln lassen
Still und starr liegt der See,
Weihnachtlich glänzet der Wald:
Freue dich, Christkind kommt bald!
Mit beiden Händen eine Herzform machen

2. In den Herzen ist's warm,
Die rechte Hand auf die linke Brust legen
Still schweigt Kummer und Harm,
Sorge des Lebens verhallt:
Freue dich, Christkind kommt bald!
S. o.

3. Bald ist heilige Nacht;
Beten
Chor der Engel erwacht;
Horch' nur, wie lieblich es schallt:
Freue dich, Christkind kommt bald!
S. o.

Downloadbereich
Liedtext: Leise rieselt der Schnee

Die nachfolgenden Praxisideen eignen sich insbesondere für eine kleine Nikolausfeier im Adventskreis, zu der die Senior:innen, falls möglich, auch ihre Kinder, Enkel und Urenkel einladen können.

Nikolaus feiern im Adventskreis

Material: ein Tisch, eine violette Tischdecke, ein Adventskranz mit LED-Kerzen

Zu Beginn breiten Sie eine violette Tischdecke auf dem Tisch in der Kreismitte aus. Auf den Tisch legen Sie dann einen Adventskranz und schalten, je nachdem, der wievielte Advent gerade ist, die dazu passende Anzahl an Kerzen an.

Danach können alle, die heute im Kreis anwesend sind, die Praxisidee „Willkommen zur Nikolausfeier!" (s. S. 22) durchführen.

Lasst uns froh und munter sein

Material: für jede Person eine Kopie des Liedtextes „Lasst uns froh und munter sein"

Fragen Sie alle im Kreis, was sie über das Lied „Lasst und froh und munter sein" wissen. Woher stammt das Lied? Wer war der Verfasser des Liedes? Und wem wurde das Lied gewidmet?

Das Lied „Lasst uns froh und munter sein" stammt möglicherweise aus dem Hunsrück. Als Verfasser wird Josef Annegarn (1794 – 1843) gelegentlich benannt, der ein Theologe, Pädagoge und Professor für Kirchengeschichte und Kirchenrecht war. Das Lied wird zu Ehren des heiligen Sankt Nikolaus von Myra vor allem am 06. Dezember gesungen.

Konnten alle im Kreis die Fragen klären, können Sie die Kopiervorlagen austeilen, um dann gemeinsam das Lied zu singen und dabei die folgenden Bewegungen zu machen:

1. Lasst uns froh und munter sein
und uns recht von Herzen freu'n!
Die rechte Hand auf die linke Brust legen
Lustig, lustig, traleralera!
Bei jeder Silbe klatschen
Bald ist Nikolausabend da,
bald ist Nikolausabend da!

2. Bald ist unsere Schule aus,
dann zieh'n wir vergnügt nach Haus.
Bei jeder Silbe mit den Füßen abwechselnd auf den Boden stampfen
Lustig, lustig, ...
s. o.

3. Dann stell' ich den Teller auf,
Nik'laus legt gewiß was drauf.
Mit den Händen eine Schale formen
Lustig, lustig, ...
S. o.

4. Steht der Teller auf dem Tisch,
sing' ich nochmals froh und frisch:
Mit dem Zeige- und Mittelfinger auf dem Oberschenkel „hüpfen"
Lustig, lustig, ...
S. o.

5. Wenn ich schlaf', dann träume ich,
jetzt bringt Nik'laus was für mich.
Kopf etwas zur Seite neigen und Augen kurz schließen
Lustig, lustig, ...
S. o.

6. Wenn ich aufgestanden bin,
lauf' ich schnell zum Teller hin.
Bei jeder Silbe mit den Füßen abwechselnd auf den Boden stampfen
Lustig, lustig, ...
S. o.

7. Nik'laus ist ein guter Mann,
dem man nicht genug danken kann.
So tun, als ob man jemandem die Hand schütteln würde
Lustig, lustig, ...
S. o.

Downloadbereich
Liedtext: Lasst uns froh und munter sein

Klanggeschichte: Das Kornwunder

Erzählen Sie allen im Kreis, dass es viele Geschichten gibt, die vom Leben, Wirken und den guten Taten des Nikolaus handeln, der zu den beliebtesten und bekanntesten Heiligen der katholischen Kirche gehört.

Eine Geschichte ist jedoch besonders schön, nämlich die, in der Nikolaus von Myra eine ganze Stadt vor dem Hungertod gerettet hat. Wer weiß, wie diese Legende vom Heiligen Nikolaus heißt? Sobald jemand die Lösung weiß, die in diesem Fall „Die Legende vom Kornwunder" lautet, können Sie den unten aufgeführten Text vorlesen. Passend dazu dürfen dann alle aktiv mitmachen, indem sie ihren eigenen Körper als Instrument einsetzen:

In der Stadt Myra am Mittelmeer gab es einmal eine große Dürre, die die Ernte vernichtete.
Auf den Boden stampfen

44

Die Menschen waren sehr verzweifelt, denn sie hatten großen Hunger.

So tun, als ob man weinen würde

Eines Tages jedoch kam ein Schiff am Hafen an, das voll beladen mit Korn gewesen ist.

Vor Freude in die Hände klatschen

Nikolaus hörte davon und eilte sofort herbei.

Auf der Stelle laufen

Er machte den Kapitän des Schiffs auf die Not der Menschen aufmerksam und flehte ihn an, ihm hundert Säcke Getreide für die hungrigen Menschen zu geben.

Leise klatschen

Der Kapitän lehnte jedoch ab, da das Getreide dem Kaiser in Konstantinopel gehörte und er es nicht einfach verschenken konnte. Er befürchtete, dass er und seine Mannschaft sonst hart bestraft werden könnten.

Auf den Boden stampfen

Nikolaus versprach jedoch dem Kapitän, dass kein Gramm fehlen würde, wenn er den hungrigen Menschen helfen würde.

Sich gegenseitig im Kreis vom Platz aus abklatschen

Und tatsächlich: Der Kapitän gab ihm, worum ihn Nikolaus gebeten hatte. Am Ende fehlte kein Gramm Korn an Bord und die Menschen in der Stadt wurden trotzdem satt.

Vor lauter Freude klatschen

Im Anschluss daran können Sie allen noch voller Freude berichten, dass der Heilige Nikolaus als Schutzpatron der Armen, der Seefahrer und vor allem auch der Kinder gilt. Seine Nächstenliebe und Hilfsbereitschaft sind so phänomenal gewesen, dass in Andenken an seine guten Taten der Nikolaustag stets am 06. Dezember gerne gebürtig gefeiert wird.

Ach, du lieber Nikolaus

Bevor der Nikolaus im Adventskreis erscheint, lesen Sie das Nikolaus-gedicht „Ach, du lieber Nikolaus", das aus der Feder Christian Fürchtegott Gellerts (1715-1769) stammt, laut vor. Nach jeder Zeile jedoch machen Sie eine kurze Pause, sodass alle im Kreis die von Ihnen vorgelesene Zeile wiederholen und dabei bei jeder Silbe vor Freude in die Hände klatschen können:

> Ach, du lieber Nikolaus,
> komm ganz schnell in unser Haus!
> Hab so viel an dich gedacht,
> hast mir auch was mitgebracht?

Hurra, der Nikolaus ist da!

Material: für jede Person ein Jute- oder Stoffsäckchen zum Zubinden sowie einen Apfel, zwei bis drei Mandarinen und etwas Adventsgebäck speziell auch für Diabetiker oder, falls man keine Süßigkeiten haben möchte, etwas Adventliches wie beispielsweise ein paar kleine Strohsterne, goldene Nüsse und Weihnachtskugeln aus nicht zerbrechlichem Material; evtl. ein Nikolauskostüm (Perücke mit weißem Lockenbart, Umhang, Kleid und Bischofsstab), ein goldenes Buch, ein Stift, ein großer Jutesack

Vorbereitung
Die Jute- oder Stoffsäckchen füllen Sie mit den oben genannten Sachen. Falls Sie jedoch lieber auf Süßigkeiten verzichten möchten, können Sie auch in jeden Sack etwas Adventliches geben. Traditionell hat der Nikolaus auch ein goldenes Buch dabei, das Sie basteln oder kaufen können und in dem Sie dann nur gute Sachen über die Anwesenden schreiben.

Spielverlauf

Der Nikolaus kann nun als Anklopfer:in oder gar höchst persönlich im Adventskreis erscheinen.

Unabhängig davon, wird nun der Nikolaus, falls er persönlich da sein sollte, von allen Anwesenden begrüßt. Ansonsten holen Sie den Sack vor der Türe, sobald jemand, den Sie im Vorfeld engagiert haben, gegen die Türe geklopft hat. Der Sack mit oder ohne Nikolaus kommt dann in die Kreismitte. Der Nikolaus oder Sie lesen dann das, was in dem goldenen Buch steht vor. Dabei werden sowohl die anwesenden Senior:innen als auch deren Kinder, Enkel und Urenkel, falls diese eingeladen wurden und anwesend sind, gelobt. Zudem werden diejenigen Personen namentlich und wohlwollend erwähnt, die vielleicht aufgrund einer Krankheit nicht anwesend sein können.

Bevor jedoch die Geschenke ausgeteilt werden, können alle noch einmal das Lied „Lasst uns froh und munter sein" (s. S. 42) singen.

Holler boller Rumpelsack

Das Nikolausgedicht „Holler Boller, Rumpelsack" stammt von dem deutschen Schriftsteller Albert Sergel (1876-1946) und eignet sich hervorragend, um den Nikolaus wieder zu verabschieden.

Während Sie nun den Text vorlesen, können alle Folgendes mit ihren Fingern und Händen machen:

„Holler boller Rumpelsack,
Nikolaus trägt ihn huckepack.
So tun, als ob man einen schweren Sack
über den Schultern tragen würde
Weihnachtsnüsse gelb und braun,
runzlig punzlig anzuschaun.
Alle Finger in der Luft zappeln lassen

Knackt die Schale, springt der Kern,
Weihnachtsnüsse ess ich gern.
Einmal kräftig in die Hände klatschen
Komm bald wieder in dies Haus,
guter alter Nikolaus."
Winken

Zum Ausklang des Adventskreises eignet sich zum Beispiel die Praxisidee „Gott segne dich – Gott behüte dich" (s. S. 141).

Im Anschluss daran kann es auf einem festlich gedeckten Tisch ein paar leckere Weihnachtsplätzchen, frischen Kaffee und für die Kleinen natürlich auch einen köstlichen Adventstee oder warmen Kinderpunsch geben.

Der Stern von Betlehem

Die Geburt von Jesus Christus feiern

Das Weihnachtsfest und die Feiertage im Dezember verbringen viele Christ:innen seit jeher gerne im Familienkreis. An Heilig Abend, dem Vorabend zu Weihnachten, wird in vielen Familien gerne traditionell ein Festmahl gegessen, der Weihnachtsbaum geschmückt und sich gegenseitig eine kleine Freude bereitet. Das können nicht nur Geschenke, sondern auch vorgetragene Gedichte, gesangliche und musikalische Darbietungen oder einfach eine kurze Weihnachtsrede sein. Nicht zuletzt feiert ein großer Teil der Christ:innen Weihnachten gerne mit vielen Gottesdiensten, wobei an Heilig Abend sowohl die katholischen als auch evangelischen Kirchen besonders voll sind.

Für viele Senior:innen ist das Weihnachtsfest mit schönen Kindheits- und Familienerinnerungen verbunden. Sie kennen in der Regel die Weihnachtsgeschichte in- und auswendig. Obwohl es ein Fest der Freude ist, können sie sich gerade in der besinnlichen Weihnachtszeit sehr einsam fühlen, sofern sie niemanden aus ihrer Familie oder ihrem Freundeskreis in der Nähe haben.

Damit die Senior:innen ihre Freude an Weihnachten dennoch mit anderen teilen können, wird in diesem Kapitel ein schönes Weihnachtsfest für Senior:innen vorgestellt, zu dem sie auch, falls möglich, ihre Kinder, Enkel und Urenkel einladen können. Obwohl das Weihnachtsfest im Seniorenkreis etwas anders als der Heilig Abend in vielen Familien abläuft, sollten ein weihnachtlich dekorierter Nadelbaum und klassische Weihnachtsmusik, die viele Senior:innen von klein auf kennen, keinesfalls fehlen. Zudem können Kinder aus einem benachbarten Kindergarten zur Weihnachtsfeier eingeladen werden und zur Freude aller beispielsweise zwei bis drei Weihnachtslieder vorsingen und das eine oder andere Weihnachtsgedicht vortragen. Unabhängig davon, werden für den festlich gedeckten Kaffeetisch jede Menge leckere Weihnachtsplätzchen benötigt, die Sie ein paar Tage zuvor mit den Senior:innen backen können. Halten Sie auch Alternativen für Diabetiker:innen bereit. Die Bescherung darf natürlich auch nicht fehlen, bei der Groß und Klein vom Christkind beschenkt werden. Nicht zuletzt sorgt auch ein dazu passendes Weihnachtsprogramm für eine festliche Stimmung.

Willkommen im Weihnachtskreis

Material: ein kleiner Tisch, eine weißes Tischtuch, eine Weihnachtskrippe

In die Kreismitte stellen Sie einen kleinen Tisch, auf dem Sie ein weißes Tischtuch ausbreiten. Weiß ist nämlich die liturgische Farbe des ungebrochenen Lichts, der Reinheit, Klarheit und Freude sowie der Festlichkeit. Auf das weiße Tuch platzieren Sie dann die Weihnachtskrippe.

Sobald alle da sind, laden Sie die Senior:innen und gegebenenfalls auch weitere Gäste in den Stuhlkreis ein. Sitzen alle zusammen im Kreis, bietet sich die Praxisidee „Ich verkündige euch große Freude" (s. S. 22) geradezu an.

Alle Jahre wieder

Material: für jede Person eine Kopie des Liedtextes „Alle Jahre wieder"

Alle Jahre wieder wird zu Weihnachten gesungen. Passend dazu dürfen die Senior:innen nun auch das traditionelle Weihnachtslied „Alle Jahre wieder" singen, das aus der Feder des deutschen Pfarrers, Lied- und Fabeldichter Johann Wilhelm Hey (1789-1854) stammt. Dabei dürfen alle im Kreis, sobald Sie die Kopiervorlagen ausgeteilt haben, auch die folgenden Bewegungen machen:

1. Alle Jahre wieder
kommt das Christuskind
Das „Kind" auf dem Arm im Takt hin und her schaukeln
auf die Erde nieder,
wo wir Menschen sind.

2. Kehrt mit seinem Segen
ein in jedes Haus,
Mit den Händen ein spitzes Dach über dem Kopf andeuten
geht auf allen Wegen
mit uns ein und aus.

3. Ist auch mir zu Seite
still und unerkannt,
Die rechte Hand auf die linke Brust legen
dass es treu mich leite
an der lieben Hand.

Im Anschluss daran können Sie den Senior:innen erzählen, dass das Lied zu den bekanntesten und beliebtesten Weihnachtsliedern gehört, das sich in erster Linie an die Kinder richtet. Pfarrer Hey hat sich wohl bewusst auf eine einfache Wortwahl beschränkt, damit auch Kinder den Kern des Liedtextes gut verstehen können. An dieser Stelle können Sie die Senior:innen auch fragen, weshalb Christ:innen an Jesus Christus glauben. Mögliche Antworten können beispielsweise sein: „Weil Jesus Christus, Gottes Sohn, unsere Freude, unser Erlöser und vor allem auch der Erretter der Welt ist. Zudem ist er für uns am Kreuz gestorben. Das war für uns Menschen der einzige Weg, wieder zu unserem Vater in den Himmel zu kommen.

Downloadbereich
Liedtext: Alle Jahre wieder

Das Vaterunser

Das Vaterunser ist eines der bekanntesten Gebete der Christ:innen aller Konfessionen und wurde in viele Sprachen übersetzt. Es wird in jedem Gottesdienst gesprochen und ist deshalb auch ein Bestandteil des Weihnachtsgottesdienstes.

Nach der kurzen Einführung können Sie die Senior:innen fragen, an wen sie bei dem Gebet denken können. Dabei machen Sie auf diejenigen Personen aufmerksam, die gerade nicht anwesend sein können. Dementsprechend können die Senior:innen der Reihe nach links im Kreis herum zum Beispiel sagen:

„Ich denke an alle, die ...
... heute leider nicht an der Weihnachtsfeier teilnehmen können.“
... sich über etwas Sorgen machen.“
... unter einer Krankheit leiden.“
... Angst vor morgen haben.“
... unter Krieg und Gewalt leiden.“

Im Anschluss daran falten alle im Kreis ihre Hände, um gemeinsam das Vaterunser nach Matthäus 6,9-13 (SLT) zu beten, bei dem es zunächst heißt:

„Deshalb sollt ihr auf diese Weise beten: ...

... Unser Vater, der du bist im Himmel!
Geheiligt werde dein Name.
Dein Reich komme.
Dein Wille geschehe,
wie im Himmel, so auch auf Erden.
Gib uns heute unser tägliches Brot.
Und vergib uns unsere Schulden,
wie auch wir vergeben unseren Schuldnern.
Und führe uns nicht in Versuchung,
sondern errette uns von dem Bösen.
Denn dein ist das Reich und die Kraft
und die Herrlichkeit in Ewigkeit.
Amen."

Downloadbereich
Vaterunser nach Matthäus 6,9-13 (SLT)

Ihr Kinderlein kommet

Material: für jede Person eine Kopie des Liedtextes „Ihr Kinderlein kommet", eine Weihnachtskrippe mit dazu passenden Figuren (Kind in der Krippe, Maria, Josef und sechs weitere Figuren wie zum Beispiel Esel, zwei Hirten und drei Schafe) und ein Strohstern sowie ein kleiner leerer Korb; evtl. ein kleiner Tisch

Zu Beginn teilen Sie die Kopiervorlagen aus und stellen Sie eine Krippe mit dem Jesuskind, am besten auf einem kleinen Tisch, in die Kreismitte. Die Figuren und den Stern legen Sie in einen kleinen Korb direkt neben der Krippe und bleiben dort stehen. Danach lesen Sie zunächst die einzelnen Strophen des altbekannten Weihnachtslieds „Ihr Kinderlein kommet" vor, das Christoph Schmidt (1768-1854), der ein römisch-katholischer Priester, Schriftsteller und Dichter von Kirchenlieder war, geschrieben hat. Nach jeder Strophe deuten Sie auf eine beliebige Person, die sich eine Figur aus dem Korb nehmen darf und in die Weihnachtskrippe in der Nähe der Krippe mit dem Jesuskind stellen darf:

1. Ihr Kinderlein kommet, o kommet doch all'!
Zur Krippe her kommet in Bethlehems Stall
und seht, was in dieser hochheiligen Nacht
der Vater im Himmel für Freude uns macht.

2. O seht in der Krippe, im nächtlichen Stall,
seht hier bei des Lichtleins hellglänzendem Strahl,
den lieblichen Knaben, das himmlische Kind,
viel schöner und holder, als Engel es sind.

3. Da liegt es das Kindlein, auf Heu und auf Stroh;
Maria und Joseph betrachten es froh;
die redlichen Hirten knie'n betend davor,
hoch oben schwebt jubelnd der Engelein Chor.

4. Manch Hirtenkind trägt wohl mit freudigem Sinn
Milch, Butter und Honig nach Bethlehem hin;
ein Körblein voll Früchten, das purpurrot glänzt,
ein schneeweißes Lämmchen mit Blumen bekränzt.

5. O betet: Du liebes, Du göttliches Kind,
was leidest Du alles für unsere Sünd'!
Ach hier in der Krippe schon Armut und Not,
am Kreuze dort gar noch den bitteren Tod.

6. O beugt wie die Hirten anbetend die Knie,
erhebt die Hände und danket wie sie!
Stimmt freudig, ihr Kinder, wer wollt' sich nicht freu'n?,
stimmt freudig zum Jubel der Engel mit ein!

7. Was geben wir Kinder, was schenken wir Dir,
du Bestes und Liebstes der Kinder, dafür?
Nichts willst Du von Schätzen und Freunde der Welt –
ein Herz nur voll Unschuld allein Dir gefällt.

8. So nimm unsre Herzen zu Opfer denn hin;
wie geben sie gerne mit fröhlichem Sinn
und mache sie heilig und selig wie Deins,
und mach sie auf ewig mit Deinem nur Eins.

Am Ende singen alle gemeinsam das Lied. Dabei halten Sie den Strohstern über die Weihnachtskrippe.

Downloadbereich
Liedtext: Ihr Kinderlein kommet

Die heilige Nacht

Material: eine Klangschale, eine Handtrommel, eine Triangel, ein Glöckchen, für alle Personen bis auf vier jeweils ein Paar Klangstäbe oder Schellenkränze

Zu Beginn können Sie die Senior:innen fragen, ob sie das Gedicht „Die heilige Nacht" kennen, das von Eduard Friedrich Mörike (1804-1875) stammt, der ein deutscher Lyriker der Schwäbischen Schule, Erzähler und Übersetzer war. Allein schon durch den Titel können alle im Kreis bereits erahnen, dass das Gedicht von der Geburt des Christkindes erzählt. Nach einem kurzen Austausch teilen Sie die oben genannten Instrumente aus, mit denen alle dann das Gedicht, das Sie nun vorlesen, musikalisch begleiten. Dabei deuten Sie stets auf die Senior:innen, die ihr Instrument zum Einsatz bringen sollen:

Gesegnet sei die heilige Nacht,
die uns das Licht der Welt gebracht!
Klangschale anschlagen

Wohl unterm lieben Himmelszelt
die Hirten lagen auf dem Feld.
Auf der Trommel kreisförmig mit den Fingern reiben

Ein Engel Gottes, licht und klar,
mit seinem Gruß tritt auf sie dar.
Triangel erklingen lassen

Vor Angst sie decken ihr Angesicht,
da sprich der Engel: „Fürchtet euch nicht!"
Triangel erklingen lassen

„Ich verkünde euch groß Freud:
Der Heiland ist geboren heut."
Klangschale anschlagen

Da gehen die Hirten hin in Eil,
zu schaun mit Augen das ewig Heil;
Klangstäbe erklingen lassen

zu singen dem süßen Gast Willkomm,
zu bringen ihm ein Lämmlein fromm.
Glöckchen erklingen lassen

Bald kommen auch gezogen fern
die heiligen drei König' mit ihrem Stern.
Sanft trommeln

Sie knieen vor dem Kindlein hold,
schenken ihm Myrrhen, Weihrauch, Gold.
Schellenkranz erklingen lassen

Vom Himmel hoch der Engel Heer
frohlocket: „Gott in der Höh sei Ehr!"
Klangschale anschlagen

Weihnachtserinnerungen

Material: eine LED-Sternenkette o. Ä., ein Weihnachtsbaum

Alle Senior:innen dürfen sich nun überlegen, wie sie früher als Kind
oder später als Eltern gemeinsam mit ihren Kindern das christliche
Familienfest begangen haben. Die folgenden Fragen, die Sie nun den
Senior:innen stellen können, sind als Gedankenanregungen gedacht:

„Wurde eine Weihnachtsgeschichte vorgelesen?"
„Wurden gemeinsam Weihnachtslieder gesungen?"
„Wie sah der Weihnachtsbaum aus?"
„Was gab es an Heilig Abend zum Essen?"
„Wurde der Gottesdienst an Weihnachten von der ganzen Familie
besucht?"
„Welche Geschenke lagen unter dem Weihnachtsbaum?"

Danach übergeben Sie einer Person die Sternenkette und somit das
Wort. Die betreffende Person darf daraufhin in ein bis zwei Sätzen erzählen, wie sie früher Weihnachten gefeiert hat. Danach hält sie den
Anfang der Lichterkette fest und übergibt die übrige Kette derjenigen
Person, die links neben ihr im Kreis sitzt. Sollte es sich um ein Kind
handeln, dann kann es beispielsweise erzählen, wie es Weihnachten
im Vorjahr gefeiert hat. Ansonsten übergibt es die Kette einfach der
nächsten Person im Kreis.

Auf diese Weise wird die Sternenkette von Hand zu Hand im Uhrzeigersinn herumgereicht. Dabei halten alle die Kette locker gespannt
in ihren Händen fest. Bevor Sie oder ein bis zwei Senior:innen nun die
Lichterkette am Baum anbringen, können Sie allen noch einmal be-

wusst machen, dass es viele Dinge gibt, die wir alle mit Weihnachten verbinden. Die Art und Weise wie das christliche Fest gefeiert wird, muss natürlich nicht überall gleich sein.

O Tannenbaum

Material: für jede Person eine Kopie des Liedtextes „O Tannenbaum"

Das Lied „O Tannenbaum" ist eines der bekanntesten Weihnachtslieder, dessen Text in der heutigen Form auf den deutschen Prediger, Pädagogen und Volksliedersammler August Zarnack (1777-1827) und auf den deutschen Lehrer, Organisten, Lyriker und Komponisten Ernst Anschütz (1780-1861) zurückgeht.

Bei dieser Praxisidee werden die Strophe des Liedes „O Tannenbaum" von Ihnen laut und langsam vorgelesen, sodass alle zusammen im Kreis leicht das folgende Fingerspiel durchführen können:

1. O Tannenbaum, o Tannenbaum!
Wie treu sind deine Blätter;
du grünst nicht nur zur Sommerzeit,
nein, auch im Winter, wenn es schneit.
Die Arme soweit wie möglich in die Luft heben, alle Finger zappeln lassen und dabei die Arme wieder langsam senken
O Tannenbaum, o Tannenbaum,
wie treu sind deine Blätter.

2. O Tannenbaum, o Tannenbaum,
du kannst mir sehr gefallen;
wie oft hat nicht zur Weihnachtszeit
ein Baum von dir mich hoch erfreut.
Mit den Händen ein Herz formen
O Tannenbaum, o Tannenbaum,
du kannst mir sehr gefallen.

3. O Tannenbaum, o Tannenbaum,
dein Kleid will mir was lehren:
die Hoffnung und Beständigkeit
gibt Trost und Kraft zu jeder Zeit!
Sich selbst umarmen
O Tannenbaum, o Tannenbaum,
dein Kleid will mir was lehren.

Im Anschluss daran können alle zusammen im Kreis natürlich auch noch gemeinsam das Lied singen und dabei so wie bereits beschrieben das Spiel mit den Fingern und Händen durchführen. Dafür können Sie die Kopiervorlagen im Kreis austeilen.

Downloadbereich
Liedtext: O Tannenbaum

Die Weihnachtsgeschichte

Material: ein Bilderbuch zur biblischen Weihnachtsgeschichte, ein großer Strohstern

Besonders anschaulich lässt sich die biblische Weihnachtsgeschichte durch ein dazu passendes Bilderbuch wie zum Beispiel „Die Weihnachtsgeschichte" (Kaufmann Verlag) von Katharina Wilhelm oder „Der Weihnachtsstern" (Nord Süd Verlag) von Marcus Pfister erzählen. In der Bücherei finden Sie hierzu bestimmt noch andere schöne Bilderbücher, die sich bereits für Kindergartenkinder anbieten.

Bevor Sie jedoch allen im Kreis die biblische Weihnachtsgeschichte vorlesen und dabei auch die dazu passenden Bilder zeigen, dürfen sich die Senior:innen auf Ihre Bitte hin kurz überlegen, wie sie als Kind etwas über die Weihnachtsgeschichte erfahren haben. Wer hat ihnen als Kind die biblische Weihnachtsgeschichte erzählt oder gar aus der Bibel vorgelesen? Die Senior:innen dürfen der Reihe nach links im Kreis herum kurz etwas dazu sagen. Dabei erhält immer diejenige Person, die grade das Wort hat, den großen Strohstern.

O du fröhliche

Material: für jede Person eine Kopie des Liedtextes „O du fröhliche", eine Glocke mit Stiel, jede Menge Strohsterne

Für die Bescherung: für die Senior:innen zum Beispiel jeweils ein Kosmetik- oder Drogerieprodukt in einer weihnachtlich verpackten Geschenktüte und für die Kinder jeweils ein kleines Spielzeug, etwa einen Flummi, ein Spielzeugauto oder ein Kartenspiel in einer weihnachtlich verpackten Geschenktüte

Während alle zusammen im Kreis in der Nähe vom Weihnachtsbaum sitzen, bitten Sie alle Kinder, sofern welche dabei sind, vor die Tür zu treten. Alle übrigen Personen erhalten jeweils eine Kopiervorlage und einen Strohstern. Danach legen Sie alle Geschenke für Groß und Klein am besten mit ein paar fleißigen „Engeln" unter den Weihnachtsbaum. Sobald Sie jedoch die Glocke geläutet haben und die Kinder den Raum betreten, dürfen alle übrigen Personen im Kreis das Weihnachtslied „O du fröhliche" zu singen, dessen erste Strophe von Johannes Daniel Falk (1768-1826) und die zweite und dritte Strophe von Johann Georg Holzschuh (1798-1847) stammt:

1. O du fröhliche, o du selige,
gnadenbringende Weihnachtszeit!
Die rechte Hand auf die linke Brust legen
Welt ging verloren, Christ ist geboren;
Bei „Christ" den Stern so weit wie möglich hochhalten
Freue, freue dich, o Christenheit!
Stern weiter hochhalten und die rechte Hand auf die linke Brust legen

2. O du fröhliche, o du selige,
gnadenbringende Weihnachtszeit!
S. o.
Christ ist erschienen, uns zu versühnen:
Stern so weit wie möglich hochhalten
Freue, freue dich, o Christenheit!
S. o.

3. O du fröhliche, o du selige,
gnadenbringende Weihnachtszeit!
S. o.
Himmlische Heere jauchzen Dir Ehre:
Freue, freue dich, o Christenheit!
S. o.

Danach erhalten alle Kinder zuerst ihre Geschenke, bevor Sie oder
auch die Kinder den Senior:innen ihre Geschenke überbringen. Dabei
können sich alle natürlich auch ein friedvolles Weihnachtsfest oder
einfach „Frohe Weihnachten" wünschen.

Sitzen alle dann alle zusammen mit ihren Geschenken im Stuhlkreis, bietet sich zum Abschluss im Stuhlkreis zum Beispiel die Praxisidee „Nun danket alle Gott" (s. S. 145) besonders gut an.

Danach können Sie alle bitten, ihre Stühle an den festlich gedeckten
Kaffeetisch zu stellen, um so das Weihnachtsfest gemeinsam gemütlich ausklingen zu lassen.

Downloadbereich
Liedtext: O du fröhliche

Auferstehung Jesus Christi

Vom Palmsonntag bis Ostermontag –
Eine biblische Klangreise

„Denn so (sehr) hat Gott die Welt geliebt, dass er seinen
eingeborenen Sohn gab, damit jeder, der an ihn glaubt,
nicht verlorengeht, sondern ewiges Leben hat."
Johannes 3,16 (SLT)

Die Karwoche, die mit dem Palmsonntag beginnt und am Karsonnabend endet, wird auch als „heilige oder stille Woche" bezeichnet.
Das Wort ist abgeleitet vom althochdeutschen Wort „kara" oder
„chara" und bedeutet „Kummer", „Wehklage" oder „Trauer". Es ist
die letzte Woche der Passions- und Fastenzeit und somit die Woche vor Ostern. Dabei erinnert die Kirche daran, warum und wie
Jesus Christus gestorben ist. So gedenken Christ:innen am Gründonnerstag des letzten Abendmals von Jesu mit seinen Jüngern
und am Karfreitag des Leidens und Sterbens Jesu Christi am Kreuz.
Der Karsonnabend ist der letzte Tag der Karwoche und Fastenzeit.
Mit dem Ostersonntag beginnt dann für Christ:innen die Freuden-
zeit. Es wird der Auferstehung Jesu Christi aus dem Grab gefeiert,
der als Sohn Gottes den Tod überwunden hat. Der zweite Feiertag
des Osterfestes ist der Ostermontag, der an die Geschichte von den
zwei Jüngern, die ihrem Herrn begegneten und die gute Nachricht
von der Auferstehung Jesus Christus überall verbreiteten, im Lukas-
evangelium erinnert.

Das Osterfest an sich hat jedoch kein festes Datum im Jahr, da das wichtigste und älteste Fest der Kirche stets am ersten Sonntag nach dem ersten Vollmond im Frühling begangen wird. Dementsprechend fällt der frühestmögliche Termin auf den 22. März und der späteste auf den 25. April.

In diesem Kapitel erfahren Sie nun, wie Sie gemeinsam mit Ihrer Seniorengruppe und gegebenenfalls auch weiteren kleinen und großen Gästen eine biblische Reise vom Palmsonntag bis Ostermontag durchführen und letztendlich Ostern im wahrsten Sinne des Wortes im Osterkreis feiern können. Außerdem dürfen sich alle Anwesenden auf vielfältige Weise mit den verschiedenen Osterbräuchen beschäftigen, zu denen beispielsweise das Färben und Suchen der Ostereier sowie der Osterspaziergang gehören.

Neben dem Austausch über die wichtigsten Bräuche zum Osterfest und der Freude bei der Ostereiersuche sollen die Teilnehmer:innen sich jedoch in erster Linie auf sprachlicher und musikalische Ebene mit der wahren Bedeutung von Ostern befassen, die im besonderem Maße das eigene Leben positiv verändern und bereichern und somit auch etwas in jedem von uns bewirken kann.

Willkommen im Osterkreis

Material: ein Tisch, ein weißes Tischtuch, eine LED-Osterkerze, ein paar Gänseblümchen

Das wichtigste Fest der Kirche ist so wie das Weihnachtsfest der liturgischen Farbe Weiß zugeordnet. Es ist nämlich auch die Farbe der Auferstehung. Dementsprechend können Sie in der Kreismitte einen kleinen Tisch platzieren, auf dem Sie ein weißes Tischtuch ausbreiten. Auf die Tischmitte stellen Sie dann eine angeschaltete und somit leuchtende LED-Osterkerze, um die Sie schließlich noch einen Kranz aus Gänseblümchen legen können. Auf diese Weise wird das Erwachen des Frühlings nach dem harten Winter symbolisiert. Das wiederum passt zum Osterfest, das auch für Aufbruch und Neuanfang steht.

Sobald jedoch alle zusammen im Kreis sitzen, bietet sich die Praxisidee „Eine Osterkerze für dich" (s. S. 23) zum Ankommen und Begrüßen geradezu an.

Klanggeschichte: Vom Palmsonntag bis Ostermontag

Material: ein Becken mit Schlägel, eine Triangel, eine Holzblocktrommel, eine Ocean-Drum oder ein Regenstab, für alle übrigen bis auf vier Personen Klangstäbe und Rasseln, für Sie eine Handtrommel und eine Klangschale

Zu Beginn laden Sie alle im Kreis zu einer Klangreise vom Palmsonntag bis Ostermontag ein, bei der gegebenenfalls auch eingeladene Kinder gut mitmachen können. Bis auf die Handtrommel und Klangschale, teilen Sie hierfür die oben genannten Rhythmusinstrumente aus, mit denen alle im Kreis den folgenden Text, den Sie vorlesen, musikalisch begleiten dürfen. Dabei deuten sie immer kurz auf die Person(en), deren Instrument gerade zum Einsatz kommen soll:

Ostern ist das höchste Fest: mal im März und mal im April.
Ostern heißt Aufbruch. Es ist dann nicht mehr so still.
Klangstäbe anschlagen

Wir fangen am besten mit der heiligen Woche an.
Was sagt die Bibel? Wir tasten uns langsam heran.
Leise trommeln

Am Palmsonntag jubelte das Volk Jesus Christus zu.
Er kam auf einem Esel nach Jerusalem in aller Ruh'.
Alle Instrumente bis auf die Klangschale erklingen lassen

Auf die Straße legten sie Palme, Ölzweige und viel mehr.
Die Römer konnten es nicht fassen und wunderten sich sehr.
Mit den Fingerspitzen auf der Trommel reiben

Am Gründonnerstag denken wir an das letzte Abendmahl.
Jesus saß am Tisch mit seinen Jüngern. Zwölf lautete die Zahl.
Zwölfmal kurz trommeln

Jesus Christus wusste, dass ein Jünger ihn verraten würde.
Was für eine seelische Last. Was für eine riesengroße Bürde.
Mit einem Schlägel ein hängendes Einzelbecken anschlagen

Seine Verfolger wollten ihn töten. Jesus sollte kein König sein.
Den hohen Priestern fiel eine große Belohnung für Judas ein.
Triangel anschlagen

Für 30 Silberlinge und durch einen Kuss wurde er verraten.
Jesus Christus ahnte das und roch sozusagen den Braten.
Dreißigmal kurz hintereinander die Triangel anschlagen

Jesu Christi Schicksal nahm eine sehr tragische Wende.
Im Garten Gethsemane fiel er seinen Verfolgern in die Hände.
Einmal kräftig trommeln

 Es folgten dann große Trauer und Wehklage.
Es waren wirklich mehr als schreckliche Tage.
Holzblocktrommel kräftig anschlagen

Jesus starb am Kreuz für uns alle, auch hier in unserem Kreis.
Denn mit dem Tod ist nicht alles vorbei. Hier ist der Beweis:
Ocean Drum oder Regenstab erklingen lassen

Am letzten Tag der Karwoche ist zunächst noch Ruh'.
Ein Engel wälzte dann den Grabstein um. So viel dazu.
Mit den Fingern kreisförmig auf der Handtrommel reiben

Das Grab war leer. Jesus lebt! Was für eine große Freude. Deshalb feiern alle Christen und Christinnen Ostern heute.

Klangschale anschlagen

Der Herr ist mein Hirte

Material: ein großes Foto, auf dem ein Hirte oder eine Hirtin mit einer Schafherde abgebildet ist.

Zeigen Sie den Senior:innen ein Foto, auf dem ein Hirte mit seiner Schafherde abgebildet ist. „Warum brauchen wohl Schafe einen Hirten oder eine Hirtin?" Die Antwort könnte lauten: „Weil sie sonst von niemandem beschützt würden!", „Weil sonst kranke und schwache Schafe unterwegs zurückbleiben würden!" Oder: „Weil die Schafe sonst nicht wüssten, wo sie eine grüne Weide mit saftigem Gras befindet."

Wurden ein paar plausible Antworten im Kreis gegeben, können Sie die Teilnehmer:innen noch fragen, ob sie wissen, welcher Psalm Gott als Hirten und uns Menschen als seine Schafe darstellt. Weiß jemand im Kreis, dass es sich hierbei um einen der bekanntesten Texte der Bibel, nämlich um den Psalm 23 „Der Herr ist mein Hirte" handelt, dann können Sie den Teilnehmer:innen auch bewusst machen, dass Gott sich wie ein Hirte um das Wohl seiner Schafherde kümmert. Für Christen ist der Psalm 23 ein Grundgebet, aus dem sie neue Kraft schöpfen. Damit jedoch alle sich wieder daran erinnern, können Sie nun den Psalm 23 (SLT) so wie hier beschrieben, vorsprechen, den dann alle Satz für Satz wiederholen:

Sie: Der Herr ist mein Hirte, mir wird nichts mangeln.
Alle: Der Herr ist mein Hirte, ...
Sie: Er weidet mich auf grünen Auen und führt mich zu stillen Wassern.
Alle: Er weidet mich auf grünen Auen ...

Sie	Er erquicket meine Seele; er führt mich auf rechter Straße um seines Namen willen.
Alle:	Er erquicket meine Seele; ...
Sie:	Und wenn ich auch wanderte durchs Tal der Todesschatten, so fürchte ich kein Unglück, denn du bist bei mir; dein Stecken und Stab, die trösten mich.
Alle:	Und wenn ich auch wanderte ...
Sie:	Du bereitest vor mir einen Tisch angesichts meiner Feinde; du hast mein Haupt mit Öl gesalbt, mein Becher fließt über.
Alle:	Du bereitest vor mir einen Tisch ...
Sie:	Nur Güte und Gnade werden mir folgen mein Leben lang, und ich werde bleiben im Haus des HERRN immerdar.
Alle:	Nur Güte und Gnade ..."

Im Anschluss daran können Sie allen Senior:innen verdeutlichen, dass die Passionszeit hinter uns liegt. Dabei können Sie den Senior:innen in Erinnerung rufen, dass wir alle schon einmal dunkle Zeiten erlebt haben wie z. B. Trauer und Krankheit. Fragen Sie die Senior:innen, wie sie dennoch schwere Zeiten überwunden haben. Vielleicht gab es jemand in ihrem Bekanntenkreis, dem sie sich anvertrauen konnten. Vielleicht war es aber auch ihr Glaube an Gott, dem sie vertraut haben und auf den sie bauen konnten. Erklären Sie den Senior:innen, dass sie heute zusammen das Osterfest feiern, das uns daran erinnern soll, wie Jesus Christus auferstanden ist und den Tod besiegt hat. Machen Sie den Senior:innen bewusst, dass Gottes Liebe stärker ist als der Tod und wir uns ihm stets anvertrauen können.

Downloadbereich
Psalm 23 (SLT)

Großer Gott, wir loben dich

Material: für jede Person eine Kopie des Liedtextes „Großer Gott, wir loben dich", ein einfaches Holzkreuz

Erzählen Sie den Senior:innen zu Beginn, dass es sich bei dem Lied „Großer Gott, wir loben dich" um ein sehr bekanntes ökumenisches Kirchenlied handelt, dessen Text im 18. Jahrhundert von dem schlesischen katholischen Theologen und Kirchenliederdichter namens Ignaz Franz (1719-1790) geschrieben wurde. Es wird bei vielen hohen Festen wie Weihnachten und Ostern sowohl von Katholiken als auch Protestanten gerne gesungen.

Nach den Erläuterungen zum Loblied teilen Sie die Kopiervorlagen aus. Danach übergeben Sie einer beliebigen Person ein einfaches Holzkreuz, das daran erinnern soll, dass Jesus am Kreuz gestorben und danach auferstanden ist. Dabei können sie auch erwähnen, dass auch wir durch unseren Glauben ewig bei Gott weiterleben. Während nun alle das Lied singen, wandert das Holzkreuz von Hand zu Hand links im Kreis herum:

1. Großer Gott, wir loben dich;
Herr, wir preisen deine Stärke.
Vor dir neigt die Erde sich
und bewundert deine Werke.
Wie du warst vor aller Zeit,
so bleibst du in Ewigkeit.

2. Alles, was dich preisen kann,
Cherubim und Seraphinen
stimmen dir ein Loblied an;
alle Engel, die dir dienen,
rufe dir stets ohne Ruh
„Heilig, heilig, heilig!" zu.

3. Heilig, Herr Gott Zebaoth!
Heilig, Herr der Himmelsheere!
Starker Helfer in der Not!
Himmel, Erde, Luft und Meere
sind erfüllt von deinem Ruhm;
alles ist dein Eigentum.

4. Der Apostel heiliger Chor,
der Propheten hehre Menge
schickt zu deinem Thron empor
neue Lob- und Dankgesänge;
der Blutzeugen lichte Schar
und lobt und preist dich immerdar.

5. Dich, Gott Vater auf dem Thron,
loben Große, loben Kleine.
Deinem eingebornen Sohn
singt die heilige Gemeinde,
und sie ehrt den Heiligen Geist,
der uns seinen Trost erweist.

6. Du, des Vaters ewger Sohn,
hast die Menschheit angenommen,
bist vom hohen Himmelsthron
zu uns auf die Welt gekommen,
hast uns Gottes Gnad gebracht,
von der Sünd uns frei gemacht.

7. Durch dich steht das Himmelstor
allen, welche glauben, offen;
du stellst uns dem Vater vor,
wenn wir kindlich auf dich hoffen;
du wirst kommen zum Gericht,
wenn der letzte Tag anbricht.

8. Herr, steh deinen Dienern bei,
welche dich in Demut bitten.
Kauftest durch dein Blut uns frei,
hast den Tod für uns gelitten;
nimm uns nach vollbrachtem Lauf
zur dir in den Himmel auf.

Downloadbereich:
Liedtext: Großer Gott, wir loben dich
Hilf uns, segne, Herr, dein Erbe;

9. Sieh dein Volk in Gnaden an.
Hilf uns, segne, Herr, dein Erbe;
leit es auf der rechten Bahn,
dass der Feind es nicht verderbe.
Führe es durch diese Zeit,
nimm es auf in Ewigkeit.

10. Alle Tage wollen wir
dich und deinen Namen preisen
und zu allen Zeiten dir
Ehre, Lob und Dank erweisen.
Rett aus Sünden, rett aus Tod,
sei uns gnädig, Herre Gott!

11. Herr, erbarm, erbarme dich.
Lass uns deine Güte schauen;
deine Treue zeige sich,
wie wir fest auf dich vertrauen.
Auf dich hoffen wir allein:
Lass uns nicht verloren sein.

Aufbruch und Neuanfang

Zu Beginn können Sie noch einmal verdeutlichen, dass Ostern für Aufbruch, Neuanfang, Liebe und Hoffnung steht. Für das eigene Leben bedeutet das, dass man auch Dinge, die man nicht so gut findet, ändern kann. Das können ganz banale Dinge sein, wie zum Beispiel öfters spazieren zu gehen, Bekannte zu besuchen oder einfach ein gutes Buch zu lesen.

Konnten alle für sich darüber nachdenken, darf eine beliebige Person beginnen und stichwortartig etwas benennen, das sie gerne ändern würde. Danach darf diejenige Person, die links neben ihr im Kreis sitzt, das Gesagte wiederholen und etwas Neues hinzufügen. Im Anschluss daran darf die nächste Person in der Runde genauso das, was die Zwei zuvor erwähnt haben, wiederholen, bevor sie etwas Neues erwähnt.

Auf diese Weise geht's immer weiter, bis die erste Person im Kreis wieder an der Reihe ist.

Ziel ist es, dass man das, was andere sich wünschen, wahrnimmt und sich dabei auch über seine eigenen Bedürfnisse bewusst wird, die im Alltag manchmal zu kurz kommen.

Wohlauf in Gottes schöne Welt

Material: für jede Person jeweils eine Kopie des Liedtextes „Wohlauf in Gottes schöne Welt" und ein Chiffontuch

Das Lied „Wohlauf in Gottes schöne Welt", das von dem deutschen Journalisten und Schriftsteller Julius Rodenberg (1831-1914) stammt, lädt zum Singen und Wandern ein und erzählt vom Vertrauen auf Gott. Indem alle miteinander wandern, entdecken sie die von Gott erschaffene Natur, die hier in den schönsten Farben beschrieben wird.

Nach der kurzen Einführung können Sie nun alle im Kreis zum Singen, Bewegen und Frohsein einladen. Bevor sie beginnen, erhalten sie von Ihnen jeweils eine Kopiervorlage und ein Chiffontuch, mit dem sie sich, sobald „Lebe wohl, ade!" gesungen wird, gegenseitig im Takt zuwinken. Zudem können sie beim Singen des übrigen Texts im Takt auf den Boden stampfen und so das Wandern, den Aufbruch und Neuanfang veranschaulichen.

1. Wohlauf in Gottes schöne Welt, lebe wohl, ade!
Die Luft ist blau und grün das Feld, lebe wohl, ade!
Die Berge glüh'n wie Edelstein,
ich wandre mit dem Sonnenschein.
la la la la, la la la, ins weite Land hinein,
la la la la, la la la, ins weite Land hinein.

2. Du traute Stadt am Bergeshang, lebe wohl, ade!
Du hoher Turm, du Glockenklang, lebe wohl, ade!
Ihr Häuser alle, wohlbekannt,
noch einmal wink' ich mit der Hand,
la la la la, la la la und nun seitab gewandt,
la la la la, la la la und nun seitab gewandt.

3. An einem Wege fließt der Bach, lebe wohl, ade!
Der ruft den letzen Gruß mir nach, lebe wohl, ade!
Ach, Gott, da wird's so eigen mir,
so milde weh'n die Lüfte hier,
la la la la, la la la, als wär's ein Gruß von dir,
la la la la, la la la, als wär's ein Gruß von dir.

4. Ein Gruß von dir, du schönes Kind, lebe wohl, ade!
Und nun den Berg hinab geschwind, lebe wohl, ade!
Wer wandern will, der darf nicht steh'n,
der darf niemals nach hinten seh'n.
la la la la, la la la, muss immer weiter geh'n,
la la la la, la la la, muss immer weiter geh'n.

Downloadbereich
Liedtext: Wohlauf in Gottes schöne Welt

Austausch zu Ostereiern

Material: ein Körbchen mit jeder Menge Deko-Eiern

Fragen Sie die Senior:innen, was sie mit dem Begriff „Ostereier" verbinden. Nach einer kurzen Gedankenpause gehen Sie mit dem Korb in der Hand in Richtung einer beliebigen Person, die sich aus dem Korb ein Deko-Osterei herausnehmen darf. Während sie nun das Osterei in der Hand hält, kann sie zum Beispiel erzählen, wie sie sich früher als Kind gemeinsam mit den Geschwistern am Ostersonntag auf die Suche nach den Ostereiern gemacht hat. Sie kann aber auch einfach den anderen berichten, dass ein Osterei ein Zeichen der Wiedergeburt und des Lebens ist.

Im Anschluss daran gehen Sie zu einer anderen Person, die sich ebenfalls ein Osterei aus dem Korb holen und erzählen darf. Auf diese Weise geht's immer weiter, bis alle jeweils ein Osterei in den Händen halten, das sie schließlich behalten dürfen.

Osterbräuche erraten

Es gibt viele schöne Osterbräuche, über die sich erst einmal alle im Kreis ein paar Gedanken machen dürfen.

Eine Person im Kreis, die Sie angelächelt und aufgerufen haben, beginnt dann beispielsweise eine Osterkerze zu beschreiben. Dabei kann sie auch erwähnen, dass das, was sie meint, im christlichen Gottesdienst in der Osternacht von Karsamstag auf den Ostersonntag entzündet wird. Auf diese Weise wird verdeutlicht, dass Jesus Christus das Licht der Welt und von den Toten auferstanden ist. Diejenige Person, die als erste weiß, dass es sich hierbei um eine Osterkerze handelt, darf dann genauso etwas Anderes passend zur Osterzeit beschreiben.

Das Ratespiel rund um das Thema „Osterbräuche" kann so noch ein paarmal weitergeführt werden.

Weitere Beispiele

Osterhase, Osterspaziergang, Osterfrühstück, Osterwasser, Osterrad, Ostermärkte, Osterlamm, Osterbrunnen, Osterrad, Osterspaziergang, Ostereier färben, Ostereiersuchen, …

Häschen in der Grube

Das Lied „Häschen in der Grube", auch bekannt unter dem Titel „Häslein in der Gruppe", hat der deutsche Pädagoge Friedrich Fröbel (1782-1852) geschrieben. Es bietet sich übrigens auch hervorragend für die Enkel und Urenkel der Senior:innen an, falls die Kleinen am Osterfest teilnehmen.

Fragen Sie zunächst die Senior:innen und die anwesenden Kinder, wer das Kinder- und Spiellied kennt, das auch zu Ostern viel Spaß macht. Bestimmt werden sich die meisten in der Runde daran erinnern.

Eines von den Kindern oder eine ältere Person darf dann das Häschen in der Kreismitte spielen, das geduckt am Boden kauern kann. Alle übrigen Personen dürfen den Text der ersten Strophe aufsagen oder einfach gemeinsam singen:

> Häschen in der Grube saß und schlief,
> saß und schlief,
> armes Häschen, bist du krank,
> dass du nicht mehr hüpfen kannst?
> Häschen hüpf, Häschen hüpf, Häschen hüpf!

Daraufhin hält das Kind oder die ältere Person in der Kreismitte die Hände über den Kopf, um schließlich so wie eine Hase in Richtung eines anderen zu springen oder einfach zu laufen.

Die beiden Personen tauschen ihre Plätze, sodass der neue „Hase" oder die neue „Häsin" das Singspiel in der Kreismitte wiederholen kann.

Auf diese Weise wird das Ganze noch ein paarmal fortgesetzt.

Osterkorb füllen

Material: ein Körbchen gefüllt mit jeder Menge Ostereiern aus Plastik, Holz o. Ä., eine Stoppuhr oder Uhr mit Sekundenzeiger

Zu Beginn gehen Sie mit dem Körbchen in der Hand in den Innenkreis, um die Ostereier auszuteilen. Danach übergeben Sie einer beliebigen Person das Körbchen.

Auf Los geht's los! Während nun das Körbchen von Hand zu Hand im Uhrzeigersinn herumwandert, legen alle ihre Ostereier der Reihe nach in das Körbchen. Wie lange wird es wohl dauern, bis sich auch das letzte Osterei im Körbchen befindet? In diesem Moment stoppen Sie die Zeit.

Anschließend teilen Sie allen im Kreis mit, dass der Vorgang viel zu lange gedauert hat. Der Osterhase braucht nämlich noch schneller die Ostereier zum Verstecken für die Kinder.

Die Gruppe wiederholt das Spiel mit frischem Elan, jedoch gegen den Uhrzeigersinn. Dieses Mal verfolgen alle das Ziel, noch schneller als in der vorherigen Spielrunde die Aufgabe zu erfüllen.

Osterhas

Das folgende Gedicht stammt von dem deutschen Dichter Friedrich Güll (1812-1879), der an einer protestantischen Pfarrschule unterrichtet hat und durch seine Kinderlieder bekannt wurde. Nachdem Sie kurz auf den Werdegang des Dichters eingegangen sind, lesen Sie laut das Gedicht vor, zu dem alle dann die dazu passenden Bewegungen mit ihren Fingern und Händen machen:

Schaut, wer sitzt denn dort im Gras?
Das ist ja der Osterhas'!
Die Hände über dem Kopf halten ...

Guckt mit seinem langen Ohr
aus dem grünen Nest bevor,
... und dabei den Kopf hin und her bewegen
hüpft mit seinem schnellen Bein
über Stock und über Stein.
Mit dem Zeige- und Mittelfinger auf dem Oberschenkel tippen

Kommt, ihr Kinder, kommt und schaut,
schon hat er das Nest gebaut!
Mit den Händen eine Schale formen

Ei, so fein von Gras und Heu
und so lind von Moos und Spreu.
Mit der linken Hand über die rechte Hand streicheln

Lasst uns schauen, was liegt im Nest
so rund und glatt und fest.
Mit dem Zeigerfinger ein Ei in die Luft zeichnen
Eier, blau und grün und scheckig,
Eier, rot und gelb und fleckig!
*Zwei Fäuste bilden. Ausgehend vom linken Daumen der Reihe nach
insgesamt sechs Finger ausstrecken*

Häslein in dem grünen Wald,
ich hab' dich lieb und dank dir halt.
Mit den Fingern ein Herz formen
Häslein mit dem langen Ohr,
dank dir tausendmal davor!
Die Hände über dem Kopf halten
Häslein mit dem schnellen Bein,
sollst recht schön bedanket sein!
Mit dem Zeige- und Mittelfinger auf dem Oberschenkel tippen

Nächste Ostern bringt die Mutter
wieder dir ein gutes Futter,
So tun, als ob man etwas essen würde
dass du möchtest unsertwegen
wieder so viel Eier legen.
Alle Finger in der Luft zappeln lassen

Osterei verstecken

Material: ein Deko-Osterei aus Plastik, Holz oder dergleichen

Für die Ostereiersuche: für jede Person ein kleines Osternest mit ein paar Leckereien oder einfach ein großes Osterei evtl. aus Bitterschokolade, die eher für Diabetiker:innen geeignet ist

Während nun alle auf Ihre Anweisung hin die Augen schließen, übergeben Sie heimlich einer Person ein Deko-Osterei, das beispielsweise unter dem Pullover oder in der Hosentasche versteckt werden kann. Danach bitten Sie alle, wieder ihre Augen zu öffnen. Eine weitere Person, die gerne möchte, kann sich entweder vom Platz aus oder in der Kreismitte auf die Suche nach dem Osterei machen. Währenddessen sagen alle den folgenden Spruch auf:

„Der Osterhase versteckte ein Osterei im Kreis.
Wo ist bloß das Osterei? Wer das wohl weiß?"

Anschließend darf die suchende Person ihre Vermutung preisgeben. Die Person, die nun namentlich von ihr benannt wird, kramt, falls die Antwort stimmen sollte, das Osterei hervor. Wurde das Rätsel geknackt, erhält diejenige Person, die das Osterei herausfinden sollte, von Ihnen ein kleines Osternest oder einfach ein großes Osterei aus Schokolade. Sollte jedoch die Antwort falsch gewesen sein, dann gibt sich die Person mit dem Osterei zu erkennen, die sich in der nächsten Spielrunde auf die Suche nach dem Osterei machen darf.

Auf diese Weise geht's immer weiter, bis alle etwas Leckeres vom Osterhasen erhalten haben.

Hinweis

Sollten mehrere Personen über längere Zeit leer ausgehen, können Sie natürlich auch die restlichen Osternester oder Ostereier einfach noch austeilen.

Osterjubel

Material: drei Kopien des Gedichts „Osterjubel", eine Klangschale

Drei Kopien des Gedichts „Osterjubel", das aus der Feder von Angelus Silesius (1624-1677) – einem deutschen Theologen, Arzt und Lyriker – stammt, übergeben Sie drei Personen, die im Kreis sitzen. Danach schlagen Sie die Klangschale an, während Sie im Kreis stehen. Dabei gehen Sie im Innenkreis so lange links herum, bis der Klang verklungen ist. Danach darf eine der drei Personen, die Sie namentlich benennen, die ersten Strophe vorlesen. Im Anschluss daran schlagen Sie wieder die Klangschale an. Dabei gehen Sie abermals links im Kreis herum. Erst wenn der Klang verklungen ist, bleiben Sie stehen und die nächste Person, die Sie namentlich benennen, liest die zweite Strophe vor. Auf diese Weise geht es weiter, bis auch die dritte Person mit Vorlesen mit der dritten Strophe an der Reihe gewesen ist:

Jetzt ist der Himmel aufgetan,
jetzt hat er wahres Licht!
Jetzt schauet Gott uns wieder an
mit gnädigem Gesicht.
Jetzt scheinet die Sonne
der ewigen Wonne!

Jetzt lachen die Felder,
jetzt jauchzen die Wälder,
jetzt ist man voller Fröhlichkeit.

Jetzt ist die Welt voll Herrlichkeit
und voller Ruhm und Preis.
Jetzt ist die wahre, goldne Zeit
wie einst im Paradeis.
Drum lasset uns singen
mit Jauchzen und Klingen,
frohlocken und freuen;
Gott in der Höh sei Lob und Ehr.

Jesus, du Heiland aller Welt,
dir dank ich Tag und Nacht,
dass du dich hast zu uns gesellt
und diesen Jubel bracht.
Du hast uns befreit,
die Erde erneuet,
den Himmel gesenket,
dich selbst uns geschenket,
dir, Jesus, sei Ehre und Preis.

Am Schluss können Sie allen zu verstehen geben, wie rund und schön
sich alles gerade zu Ostern anfühlt. Ostern bedeutet Hoffnung, was
so schön wie der Klang einer Klangschale klingt.

Downloadbereich
Gedicht: Osterjubel

Zum Abschluss im Stuhlkreis bietet sich beispielsweise die Praxisidee
„Wohlfühlwörter" (s. S. 147) besonders gut an.

Danach können Sie dann alle an den zuvor stilvoll und festlich gedeckten Tischen, auf denen sich beispielsweise auch Frühlingsblu-
men, Osterhäschen und farbige Ostereier befinden, einladen. Bei
Kaffee, Tee und Kuchen kommt meist schnell noch mehr Osterfreude
auf, sodass das Osterfest am Ende noch allen lange in ganz guter Erinnerung bleiben wird.

Gott für die Ernte danken

Miteinander das Erntedankfest feiern

Gott für die Ernte im Herbst zu danken, hat vielerorts Tradition: So werden sowohl in der katholischen als auch evangelischen Kirche die Altäre mit saisonalem Obst, Gemüse und Blumen – in ländlichen Regionen sogar mit einer Erntekrone – geschmückt. Diese wird kunstvoll aus den vier Getreidesorten Roggen, Weizen, Hafer und Gerste gebunden. In den beiden großen Kirchen wird Erntedank am ersten Sonntag im Oktober gefeiert.

Im christlichen Verständnis gehört zum Erntedank jedoch nicht nur das Danken, sondern auch das Teilen.

Obwohl das Erntedankfest für die beiden Kirchen nicht zu den „großen" Festen gehört, war es seit jeher ein menschliches Bedürfnis, Gott für das, was in der Natur wächst und geerntet werden kann, von Herzen zu danken.

In diesem Kapitel wird nun gezeigt, wie Sie insbesondere mit hochbetagten Menschen, die früher oftmals selbst geerntet haben, ein buntes und unterhaltsames Erntedankfest in einem für sie vertrauten Kreis feiern können. Im Stuhlkreis kommen dann verschiedene Praxisideen zum Einsatz: Mithilfe von dazu passenden Bildkarten, Liedern und Gedichten können beispielsweise schöne Erinnerungen an längst vergangene Erntedankfeste geweckt und ausgetauscht werden. Saisonale Lebensmittel, die gerade auch bei einem Erntedankfest auf den Tisch kommen, können die Senior:innen bewusst (wieder-)entdecken und wertschätzen lernen. Dabei tauschen sie sich auch darüber aus, wie sie verzehrt werden und woher die einzelnen Lebensmittel kommen. Zusätzlich sollen die Senior:innen mithilfe von einfachen Praxisideen an diejenigen Menschen denken, die aus irgendwelchen Gründen hungern müssen. Miteinander soll gerade an solche Menschen gedacht werden, die sie nicht nur, aber auch in ihre Gebete einschließen können. Gott für die Ernte zu danken und das, was uns Gott nicht nur als Versorger geschenkt hat, zu teilen, ist deshalb wesentlicher Bestandteil des Erntedankfests, das alle nun gemeinsam feiern können.

Willkommen zum Erntedankfest

Material: ein kleiner Tisch, eine grüne Tischdecke, jede Menge Nüsse, ein paar Äpfel und kleine Kürbisse sowie bunte Herbstblätter, eine LED-Kerze

Für das Erntedankfest können Sie einen kleinen Tisch in die Kreismitte stellen, auf dem Sie eine grüne Tischdecke ausbreiten. Erntedank trägt die liturgische Farbe Grün als Zeichen des Wachens und Reifens.

Auf den Tisch legen Sie nun einen Kreis aus Nüssen und drumherum einen zweiten Kreis, bestehend aus Äpfeln. Danach folgt ein weiterer Kreis aus kleinen Kürbissen und schließlich ein vierter Kreis, für den Sie die bunten Herbstblätter verwenden. Auf dem reich gedeckten Tisch platzieren Sie in der Kreismitte noch eine angeschaltete LED-Kerze.

Zum Festbeginn können dann alle zusammen im Stuhlkreis beispielsweise die Praxisidee „Gutes tun und mit anderen teilen" (s. S. 24) durchführen.

Es war eine Mutter

Material: vier DIN A 3 Tonpapiere in Hellgrün, Dunkelgrün, Hellbraun und Blau, Wachsmalstifte, für jede Person eine Kopie des Liedtextes „Es war eine Mutter"

Passend zum Liedtext malen vier Personen, die gerne möchten, jeweils ein Bild zu einer bestimmten Jahreszeit. Dabei können sie auf das hellgrüne Tonpapier Tulpen, auf das dunkelgrüne Tonpapier ein Kleeblatt, auf das hellbraune Tonpapier Trauben und auf das dunkelbraune Tonpapier einen Schneemann malen. Danach teilen Sie den Stuhlkreis in vier gleich große Teile mit möglichst der gleichen Anzahl an Personen auf. Jede Gruppe erhält von Ihnen ein Tonpapier mit einem aufgemalten Bild.

Im Anschluss dran teilen Sie die Kopiervorlagen aus. Danach folgt eines der bekanntesten Volkslieder „Es war eine Mutter", das um 1900 entstanden ist und gerne auch als bewegtes Singspiel in Kindergärten und Schulen verwendet wird. Dabei singt jede Gruppe ihre Liedzeile für sich alleine und hebt passend zu der Jahreszeit ihr Plakat kurz in die Luft.

Es war eine Mutter, die hatte vier Kinder,
den Frühling, den Sommer, den Herbst und den Winter.

Der Frühling bringt Blumen,
der Sommer den Klee,
der Herbst bringt die Trauben,
der Winter den Schnee.

Und wie sie sich schwingen im Jahresreih'n,
so tanzen und singen wir fröhlich darein.

Die Personen, die zusammen eine Gruppe im Kreis bilden, schunkeln dabei eng eingehakt im Takt hin und her.

Ist das Lied beendet, darf sich jede Gruppe überlegen, was hierzulande vor allem im Hinblick auf eine gute Ernte im Laufe eines Kalenderjahres gemacht werden muss.

Frühling: Es ist die Zeit der Aussaat. Die ersten Blumen blühen und viele Tiere erwachen aus ihrem Winterschlaf.

Sommer: Es ist die Zeit der Pflege und die heißeste Jahreszeit, die Mensch und Tier zu schaffen machen kann. Dabei brauchen auch Obst, Gemüse und Blumen viel Wasser.

Herbst: Es ist Erntezeit. Die bunten Blätter fallen von den Bäumen, einige Vögel fliegen in den warmen Süden und andere Tiere bereiten sich auf den Winter vor, indem sie sich eine Fettschicht anfressen oder sich einen Vorrat anlegen.

Winter: Es ist die Zeit der Ruhe und Besinnung. Der angeschaffte Vorrat wird für den langen Winter benötigt, der durch Schnee und Frost gezeichnet ist. In der kältesten und dunkelsten Jahreszeit halten auch viele Tiere Winterruhe, Winterschlaf oder verfallen einfach in eine Kältestarre.

Konnten alle etwas von der Aussaat bis zur Erntezeit berichten, können Sie auch noch erzählen, dass die Ernte gerade für die Menschen im Alten Testament überaus bedeutsam gewesen ist. Vom Erfolg der Ernte hing das Überleben ab. Deshalb war es seit jeher wichtig, dass Menschen etwas für die Ernte tun und dabei auch achtsam und wertschätzend mit der Natur umgehen. An dieser Stelle können Sie auch allen im Kreis bewusst machen, dass Christ:innen an Gott, der alles erschaffen hat, glauben und ihn für das, was er uns schenkt, unter anderem durch Lieder und Gebete danken.

Downloadbereich
Liedtext: Es war eine Mutter

Mit der Liebe ist es wie mit dem Pflanzen

Fragen Sie die Senior:innen, welche Dinge die Menschheit nicht in der Landwirtschaft anbauen und dennoch ernten kann. In diesem Fall handelt es sich um Dinge, die man nicht verzehren und theoretisch tagtäglich ernten kann.

Die Senior:innen im Kreis sollen erst einmal nachdenken, bevor sie sich der Reihe nach dazu äußern. Mögliche Antworten können beispielsweise Beifall, Ruhm, aber auch Hohn oder Spott sein.

Im Anschluss daran können Sie das Zitat zum Thema „Liebe", das von dem Schweizer Pfarrer und Erzähler Jeremias Gotthelf (1797-1854) stammt, vorlesen:

„Es ist mit der Liebe wie mit den Pflanzen:
Wer Liebe ernten will, muss Liebe säen."

Machen Sie den Senior:innen im Anschluss daran bewusst, wie bedeutsam die Selbstliebe und die Liebe zu anderen Menschen ist. Wenn wir täglich einen Samen in Liebe setzen, kann die Welt schnell zu einem besseren Ort für uns alle werden. An dieser Stelle können Sie die Senior:innen fragen, womit sie konkret anfangen können oder wollen. Vielleicht mit einem Lächeln und einem lieben Wort für den Menschen, der gerade neben ihnen im Kreis sitzt? Ermutigen Sie die Senior:innen der Reihe nach, ihrem linken Sitznachbarn oder ihrer Sitznachbarin ein Lächeln zu schenken oder einfach einen schönen Tag zu wünschen.

Apfel, Apfel, Apfelbaum

Das Praxisangebot verläuft so ähnlich wie das altbekannte Spiel „Alle Vögel fliegen hoch", jedoch ohne Pfandabgabe. Während Sie nun

„Alle Äpfel wachsen auf dem Baum!"

sagen, patschen alle mit den Händen auf ihre Oberschenkel. Danach heben alle ihre Arme so weit wie möglich in die Luft. Dann rufen Sie beispielsweise laut:

„Alle Erdnüsse wachsen auf dem Baum!"

Die Mitspieler:innen müssen nun blitzschnell überlegen, ob Erdnüsse auf dem Baum wachsen oder nicht. Im ersten Fall heben sie die Arme in die Luft. Ansonsten lassen sie ihre Hände auf den Oberschenkeln ruhen. Hat jemand in dieser Spielrunde fälschlicherweise die Arme in die Luft gestreckt, dann darf die betreffende Person eine Frucht benennen, die tatsächlich auf dem Baum wächst wie beispielsweise eine Pflaume.

Danach fängt das Spiel wieder von vorne an. So geht's noch ein paarmal lustig und munter weiter.

Weitere Beispiele für Früchte, die auf dem Baum wachsen:
Birne, Quitte, Aprikose, Krische, Pfirsich, ...

Weitere Beispiele für Früchte, die nicht auf dem Baum wachsen:
Erdbeere, Himbeere, Heidelbeere, Kürbis, ...

Das Samenkorn

Lesen Sie zunächst das Gedicht von dem deutschen Schriftsteller, Kabarettisten und Maler Joachim Ringelnatz (1883-1934) langsam und deutlich vor. Passend zum Text können dann alle die folgenden Bewegungen machen:

Ein Samenkorn lag auf dem Rücken,
die Amsel wollte es zerpicken.
Mit den Armen Flügelbewegungen machen
Aus Mitleid hat sie es verschont
und wurde dafür reich belohnt.
Mit den Daumen und Zeigefingern ein Herz andeuten
Das Korn, das auf der Erde lag,
das wuchs und wuchs von Tag zu Tag.
Arme langsam so weit, wie möglich über dem Kopf ausstrecken
Jetzt ist es schon ein hoher Baum
und trägt ein Nest aus weichem Flaum.
Mit den Händen eine Schale bilden
Die Amsel hat das Nest erbaut;
dort sitzt sie nun und zwitschert laut.
Mit dem Armen Flügelbewegungen machen

Danach dürfen alle auf Ihre Bitte hin das, was Joachim Ringelmatz über das Samenkorn gedichtet hat, wiedergeben. Durch den mündlichen Austausch sollen sich alle nochmals bewusst darüber werden, dass das Samenkorn nur gedeihen und wachsen konnte, weil die Amsel, die es eigentlich fressen wollte, „Mitleid" mit dem Samenkorn hatte. Auf diese Weise konnte ein hoher Baum wachsen, auf dem die Amsel sogar ein Nest für sich zum Wohlfühlen bauen konnten.

Mithilfe des Gedichts können Sie allen im Kreis verdeutlichen, dass wir zunächst etwas säen müssen, bevor es dann wachsen und schließlich zu etwas Großem und Schönem werden kann.

Hejo, spann den Wagen an

Zu Beginn lesen Sie den Text des Kanons „Hejo, spann den Wagen an" vor, der mündlich überliefert wurde, tendenziell als Kinderlied gesehen wird und in vielen Ländern überaus populär ist:

Hejo, spann den Wagen an.
Denn der Wind treibt Regen übers Land.
Hol die goldnen Garben,
Hol die goldnen Garben!

Im Anschluss dran können die Senior:innen „Hejo, spann den Wagen an" als klassisches Lied singen oder gleich als Kanon in zwei möglichst gleich großen Gruppen. Auf Ihre Anweisung hin singt dann die erste Gruppe die ersten beiden Zeilen alleine. Die zweite Gruppe beginnt von vorne zu singen, sobald die erste Gruppe bei „Hol die goldnen Garben" einsteigt. Das Ganze kann nach Herzenslust wiederholt werden und wird durch ein zuvor vereinbartes Handzeichen von Ihnen beendet. Zusätzlich können alle noch die folgenden Bewegungen machen:

Regen: *Arme etwas nach oben halten und alle Finger in der Luft zappeln lassen*
Hol die goldnen Garben: *Arme in Richtung Kreismitte strecken und zu sich herziehen*

Sobald der Kanon beendet ist, dürfen sich alle darüber Gedanken machen, was der Liedtext mit Erntedank zu tun haben könnte. Die Senior:innen werden sicherlich schnell zu der Erkenntnis kommen, dass das Getreide offensichtlich schon gemäht und zum Trocknen in Garben gebunden wurde. Dadurch, dass es bald regnen wird, ist Eile geboten. Denn die fertig gebundenen Garben müssen schleunigst in der Scheune untergestellt und somit gelagert werden. Zudem wurde früher auch die Ernte auf einem Pferdeanhänger, der ebenfalls im

Liedtext erwähnt wird, geladen und zum Bauernhof gefahren. Fragen Sie die Senior:innen, ob sie noch wissen, wie früher die Arbeit auf dem Bauernhof und auf dem Feld ausgesehen hat. Vielleicht hat jemand als Erntehelfer oder als Erntehelferin auf einem Bauernhof gearbeitet. Bestimmt erinnern sich noch einige Senior:innen daran, wie schwer die Arbeit von Hand früher gewesen ist. Vielleicht können sie sich auch dran erinnern, wer alles bei der Ernte mitgeholfen hat und was man davon an die Kirche abgegeben hat, um schließlich miteinander Erntedank feiern zu können.

Es klappert die Mühle am rauschenden Bach

Material: für jede Person eine Kopie des Liedtextes „Es klappert die Mühle am rauschenden Bach"

Während die Senior:innen gemütlich zusammen im Kreis sitzen, teilen Sie die Kopiervorlagen aus. Danach laden Sie alle zum Singen des Liedes „Es klappert die Mühle am rauschenden Bach" ein, dessen Text Ernst Anschütz, ein deutscher Schulmeister, um 1824 verfasst hat. Während die Senior:innen das Lied singen, überkreuzen sie bei jedem „Klipp, klapp" die Arme vor der Brust und zwar so, dass sie im Takt mit der linken Hand auf die rechte Schulter und mit der rechten Hand auf die linke Schulter klopfen können:

1. Es klappert die Mühle am rauschenden Bach, klipp, klapp.
Bei Tag und bei Nacht ist der Müller stets wach, klipp, klapp.
Er mahlet das Korn zu dem kräftigen Brot
und haben wir solches, so hat's keine Not.
Klipp, klapp, klipp, klapp, klipp, klapp!

2. Flink laufen die Räder und drehen den Stein, klipp, klapp.
Und mahlen den Weizen zu Mehl uns so fein, klipp, klapp.
Der Bäcker dann Zwieback und Kuchen draus bäckt,
der immer den Kindern besonders gut schmeckt.
Klipp, klapp, klipp, klapp, klipp, klapp!

3. Wenn reichliche Körner das Ackerland trägt, klipp, klapp.
Die Mühle dann flink ihre Räder bewegt, klipp, klapp.
Und schenkt uns der Himmel nur immerdar Brot,
so sind wir geborgen und leiden nicht Not.
Klipp, klapp, klipp, klapp, klipp, klapp!

Wurde das Lied gesungen, können Sie den Senior:innen erklären, dass in diesem Lied eine Mühle am rauschenden Bach sowie das Müller- und Bäckerhandwerk besungen werden. Fragen Sie die Senior:innen, wer von ihnen noch solche Mühle kennt, die durch Wind- oder Wasserkraft betrieben werden und Getreidekörner zu feinem Mehl mahlen.

Und wer weiß, was eine Müllerin oder ein Müller macht? Vielleicht können sie sich auch noch darin erinnern, wie die Müllerin oder der Müller das Getreide zu Mehl oder Tiernahrung verarbeitet und wie der Bäcker oder die Bäckerin mühselig früher noch Brot und Brötchen sowie andere Backwaren aus Blätter-, Mürbe- oder Hefeteig hergestellt haben.

An dieser Stelle können Sie den Senior:innen noch einmal bewusstmachen, dass es früher ein sehr langer Weg vom Korn zum Mehl gewesen ist. Heutzutage wird das von den Landwirtinnen und Landwirten gelieferte Getreide vollelektronisch und computergesteuert weiterverarbeitet. Obwohl so viele Getreidesorte an einem Tag zu Mehl verarbeitet werden können, sollten wir für das tägliche Brot nicht nur, aber auch zu Erntedank besonders dankbar sein.

Downloadbereich
Liedtext: Es klappert die Mühle am rauschenden Bach

O Herr, wir danken dir

Material: ein leerer Korb, jede Menge Notizblätter, ein Stift

Während alle zusammen im Kreis sitzen, holen Sie sich Notizblätter, einen Stift und einen Korb, den Sie, sobald Sie ebenfalls im Kreis sitzen, direkt vor Ihren Füßen platzieren.

Danach überlegen alle, was man im Herbst ernten und daraus zubereiten kann. Nach einer ausreichenden Bedenkzeit dürfen Sie nun etwas, das im Herbst geerntet und zu Erntedank beispielsweise auf dem Altar der Kirche liegen kann, beschreiben, indem Sie zum Beispiel sagen:

„Die Beeren, die ich meine, können roh gegessen werden. Es gibt weiße und rote Beeren, aus denen man auch Saft machen kann."

Wer knackt das Rätsel und weiß, dass es sich hierbei um Weintrauben handelt, aus denen man auch köstlichen Wein herstellen kann?

Wurde die richtige Antwort gegeben, schreiben Sie den Begriff „Weintrauben" auf einen Zettel, den Sie in den Korb legen. Danach darf diejenige Person, die links neben Ihnen sitzt, etwas Bestimmtes beschreiben, das im Herbst geerntet werden kann. Bitten Sie sie darum, auch zu erwähnen, was man daraus herstellen kann.

Auf diese Weise geht das Ratespiel immer weiter, bis alle Personen im Kreis zu Wort gekommen sind.

Im Anschluss daran nehmen Sie irgendeinen Zettel aus dem Korb und sagen passend zu dem, was auf dem Zettel steht, zum Beispiel Folgendes:

„Herr, ich danke dir für die Kürbisse, die wir zum Kochen für eine leckere Kürbiscremesuppe gut gebrauchen können."

Danach überreichen Sie den Korb derjenigen Person, die links neben Ihnen im Kreis sitzt. Die betreffende Person nimmt sich einen weiteren Zettel aus dem Korb, auf dem zum Beispiel der Begriff „Kartoffeln" steht. Dementsprechend kann sie zum Beispiel sagen:

„Herr, ich danke dir für die Kartoffeln, ohne die ich keinen Reibekuchen braten könnte."

Auf diese Weise wandert nun der Korb einmal von Hand zu Hand links im Kreis herum. Erst wenn alle einen Zettel aus dem Korb nehmen und sich dazu äußern konnten, sprechen Sie folgendes Gebet:

„Herr, wir danken dir für all die guten Gaben, die wir auch gerne teilen wollen. Dabei denken wir vor allem auch an diejenigen Menschen, die gerade nichts oder nicht so viel zum Essen und Trinken haben. Wir wollen alle Menschen, die auf der Erde hungern müssen, nun auch in unser stilles Gebet einschließen, für das wir uns die Zeit nehmen wollen, die wir dafür brauchen."

Lasst uns das Brot teilen!

Material: ein Schneidebrett, ein Messer, verschiedene Brotsorten

Zu Beginn holen Sie sich paar Scheiben Brot, zum Beispiel Weizen- und Roggenbrot, Pumpernickel und Ciabatta, die Sie in kleine Stückchen zum Probieren schneiden.

Während nun die Senior:innen zusammen im Kreis sitzen, gehen Sie im Innenkreis herum, sodass sich jeder ein kleines Stück Brot direkt vom Schneidebrett wegnehmen kann. Bevor jedoch alle gemeinsam das Stück Brot essen, sagen Sie kurz und bündig:

„Danke, Gott, für das tägliche Brot, das wir haben!"

Während nun alle zusammen im Kreis ihr Stück Brot essen, können Sie erzählen, dass Brot aus verschiedenen Getreidesorte (Weizen, Gerste,

Roggen, Dinkel, Hafer etc.) hergestellt werden kann. An dieser Stelle können Sie auf alle linksherum im Kreis zeigen und so auch verdeutlichen, dass Brot ein Lebensmittel ist, das man in der Regel nicht alleine isst. Wir kaufen ein Laib Brot oder vielleicht nur ein Viertel im Laden, das dann auch mit anderen geteilt wird. Am Tisch können wir das Brot mit Menschen teilen, mit denen wir uns verbunden fühlen. Darüber hinaus können wir auch solidarisch mit Menschen auf der ganzen Welt sein beispielsweise durch Spenden gegen den Hunger.

Ich bin das Brot des Lebens

Jesus aber sprach zu ihnen: „Ich bin das Brot des Lebens.
Wer zu mir kommt, den wird nicht hungern,
und wer an mich glaubt, den wird niemals dürsten."
Johannes 6,35 (SLT)

Wiederholen Sie die Bibelstelle zwei- bis dreimal, sodass sich alle, die zusammen im Kreis sitzen, ein paar gute Gedanken über den Satz machen können.

Fragen Sie in der Runde nach, was uns Menschen wirklich nährt. Was stillt unsere inneren Bedürfnisse und hält uns am Leben? Bitten Sie die Senior:innen, sich untereinander auszutauschen.

Im Anschluss daran können Sie die Senior:innen darauf hinweisen, dass wir nur zu Jesus Christus gehen müssen, wenn wir dauerhaft satt sein möchten und somit auch in unserem Leben erfüllt sein wollen. Der geistige Hunger kann nur durch Gott und die Gnade, die er uns schenkt, gestillt werden. An dieser Stelle können Sie den Senior:innen verdeutlichen, dass wir uns nicht bloß für die Speisen, die verderben, abmühen sollten. Es geht vor allem auch um die Speisen des ewigen Lebens, indem wir von ganzem Herzen an Gott glauben. Deshalb sollten wir Gott nicht nur für die Wohltaten im Irdischen, sondern vor allem auch für die geistlichen danken.

Dem Schöpfer für seine Gaben danken

Material: eine Klangschale, ein Stück Obst wie zum Beispiel ein Apfel aus Holz

Die Senior:innen sollen sich im Kreis überlegen, für was sie sich bei ihrem Schöpfer im Hinblick auf Erntedank oder einfach so mal bedanken wollen.

Nach ein bis zwei Minuten Bedenkzeit schlagen Sie die Klangschale an und holen sich einen Apfel aus Holz, der den anderen signalisiert, dass nun Sie das Wort im Kreis haben. Dabei können Sie beispielsweise Folgendes sagen:

„Ich danke dir, Herr, für das tägliche Brot, das wir im Überfluss haben und das ich beim Bäcker, auf dem Wochenmarkt und im Discounter kaufen kann!".

Danach schlagen Sie erneut die Klangschale an und übergeben den Apfel derjenigen Person, die links neben ihnen im Kreis sitzt. Sobald der Klang verklungen ist, kann die betreffende Person beispielsweise sagen:

„Ich danke dir, Herr, für meine Beweglichkeit. Ich bin froh, dass ich jeden Tag noch einen Spaziergang machen und zu Freunden und Bekannten gehen kann."

Auf diese Weise geht's immer weiter, bis Sie wieder den Apfel in den Händen halten und dann noch einmal die Klangschale erklingen lassen.

O Gott, wir danken dir!

Bevor alle die Speisen auf dem Erntedanktisch in der Kreismitte verzehren, die die Senior:innen natürlich auch zum Frühstücks- oder
Kaffeetisch mitnehmen können, bietet sich das folgende Tischgebet,
um Gott für die Gaben zu danken, geradezu an:

> O Gott, wir danken dir für die guten Gaben, die wir so reichlich
> vor uns auf dem Tisch haben.
> Amen.

Mit diesem gemütlichen Beisammensein, das noch viel Raum für gute
Gespräche bietet, endet dann auch irgendwann das Erntedankfest.

Falls jedoch die Gaben vom Tisch im Stuhlkreis verteilt werden
sollten, können Sie das Erntedankfest nach dem Verzehr der Leckereien zum Beispiel mithilfe der Praxisidee „Sonnenblume" (s. S. 142)
zur Freude von allen Anwesenden im Stuhlkreis besonders schön ausklingen lassen.

Sankt Martin – Es werde Licht!

Teilen und Nächstenliebe –
Die Geschichte von Sankt Martin

Am 11. November ist es alljährlich wieder soweit: Mit einbrechender Dunkelheit finden zu Ehren des heiligen Martins von Tours unzählige Laternenumzüge mit Fackeln und Martinsliedern statt, die hoch zu Ross von einem verkleideten „Martin" angeführt werden können.

Doch wer war eigentlich Sankt Martin, an den überwiegend in katholischen Regionen erinnert wird? Martin wurde um 316/317 n. Chr. geboren und war ein römischer Soldat. Der Legende nach ritt er an einem kalten Wintertag an einem frierenden Bettler vorbei. Er hatte Mitleid und schenkte ihm die Hälfte seines Mantels, den er mit seinem Schwert in der Mitte teilte. Nachts im Traum begegnete ihm Jesus Christus bekleidet mit seinem halben Mantel. Martin ließ sich aufgrund des Erlebnisses taufen und verließ die Armee, da er seinen Militärdienst mit seinem christlichen Glauben für unvereinbar hielt. Er kehrte in seine alte Heimat im heutigen Ungarn zurück und arbeitete dann zunächst als Missionar, bevor die Menschen ihn dazu drängten, ihr Bischof der Stadt Tours (heute Frankreich) zu werden.

Der Überlieferung zufolge, war er jedoch sehr bescheiden und glaubte diesem hohen Amt nicht würdig sein. So kam es, dass er sich in einem Gänsestall versteckte, um diesem hohen Amt zu entgehen. Es verrieten ihn dort die schnatternden Gänse, sodass er entdeckt und schließlich doch noch zum Bischof geweiht wurde.

Neben dem Nikolaustag gehört Sankt Martin sicherlich zu den Festen, die nicht nur Menschen, die an Jesus Christus glauben, emotional fesseln.

Durch die Teilung des Mantels werden nämlich grundlegende Werte, wie beispielsweise Nächstenliebe und Hilfsbereitschaft vermittelt, die sich auch im Christum wiederfinden. Sie ziehen sich wie ein roter Faden durch das Kapitel rund um den Schutzheiligen der Bettler, Reisenden und Flüchtling.

Zu Sankt Martin gibt es jedoch nicht nur viele Legenden, sondern auch interessante Bräuche, zu denen beispielsweise die traditionelle Martinsgans, die leckeren Martinswecken und das große Martinsfeuer gehören. Mithilfe der nachfolgenden Praxisideen können Sie nun gemeinsam mit den Senior:innen im Stuhlkreis mit viel Licht und Wärme und gegebenenfalls auch Weckmännern bzw. Stutenkerlen aus Hefeteig so manche Legende und manchen Brauch (wieder-) entdecken und nicht zuletzt miteinander den Martinstag gebührend feien.

Willkommen zum Sankt-Martins-Fest

Material: ein Tisch, drei bis vier rote Chiffontücher, eine Laterne mit einem weißen LED-Licht

Der Martinstag ist ein Tag der Freude und der Gemeinschaft, aber auch der Erinnerung an das Leben und Wirken von Martin von Tours.

Für das Fest des Heiligen Martin können Sie rote Chiffontücher verwenden, die viele sofort an den roten Mantel und das Martinsfeuer erinnern. Die roten Tücher ordnen Sie kreisförmig um eine Laterne mit einem weißen LED-Licht an, die Sie zuvor auf einem Tisch in der Kreismitte stellen. Die Farbe Weiß gilt als Farbe der Hoffnung und versinnbildlicht vor allem auch Jesus Christus als das „Licht der Welt".

Unabhängig davon, können Sie den Raum etwas abdunkeln, sodass das helle Licht in der Kreismitte besonders gut zur Geltung kommt.

Danach laden Sie alle herzlich in den Stuhlkreis ein, der von Ihnen bei-spielsweise durch die Praxisidee „Lehr, o Gott, mich Gutes tun" (s. S. 25) besonders schön und harmonisch eröffnet werden kann.

Sankt Martin – Wer weiß was?

Material: für jede Person eine LED-Kerze

Alle im Kreis werden von Ihnen zu einem Gedächtnisspiel eingeladen, bei dem sie ihr Wissen rund um den Martinstag testen dürfen. Dazu teilen Sie die LED-Kerzen im Kreis aus, die die Senior:innen anschal-ten und immer dann hochheben dürfen, wenn sie davon überzeugt sind, dass die Aussage inhaltlich stimmt. Sollte jedoch eine Antwort falsch sein, dürfen alle im Kreis überlegen, wie die richtige Antwort lautet. Die Lösungen sind kursiv in Klammen gedruckt und dienen der Kontrolle.

Lesen Sie nun die folgenden sechzehn Sätze vor, die der Wahrheit entsprechen können oder nicht:

1. Der Martinstag wurde nach der historischen Person Martin Luther benannt.
   (Der Martinstag wurde nicht nach Martin Luther, sondern nach dem heiligen Bischof Sankt Martin benannt.)

2. Sankt Martin wurde um 316/317 in Ungarn geboren.

3. Martin von Tours war ursprünglich Soldat und wurde später Bischof.

4. Martin war der erste Bischof von Myra.
   (Martin war nicht der erste Bischof von Myra, sondern der dritte Bischof von Tours.)

99

5. Martin lebte in der Türkei.
   (Martin lebte nicht in der Türkei, sondern in Frankreich)

6. Martins eigentlicher Name lautete Martin von Goethe.
   (Martins eigentlicher Name lautete nicht Martin von Goethe, sondern Martin von Tours.)

7. Martin teilte seinen Mantel mit einer Schere, um eine Hälfte des Mantels einem frierenden Bettler zu geben.
   (Martin teilte seinen Mantel nicht mit einer Schere, sondern mit einem Schwert, um eine Hälfte des Mantels einem frierenden Bettler zu geben.)

8. Martin erschien der Bettler im Traum bekleidet mit dem halben Mantel.
   (Nicht der Bettler, sondern Jesus Christus erschien Martin im Traum bekleidet mit dem halben Mantel.)

9. Martin versteckte sich in einem Gänsestall, weil er nicht zum Bischof geweiht werden wollte

10. Martin wurde bereits als Kind getauft.
    (Martin wurde nicht als Kind, sondern erst als Erwachsener getauft.)

11. Die Schafe verrieten Martin im Stall, sodass ihn die Menschen, die ihn zum Bischof haben wollten, fanden.
    (Martin wurde nicht durch das Blöken der Schafe, sondern durch das Schnattern der Gänse verraten.)

12. Der Begriff „Sankt" in seinem Namen steht für „Heiliger".

13. Sankt Martin kann uns wichtige Werte wie Nächstenliebe und Bescheidenheit vermitteln.

14. Die leuchtenden Laternen und das Martinsfeuer sollen uns daran erinnern, dass Martin durch seine mutigen Taten Licht in das Dunkle der Welt gebracht hat.

15. Laternenumzüge, Martinsfeuer, Weckmänner und Martinslieder – das sind nur ein paar der interessanten Bräuche, die sich um den Martinstag ranken.

16. Sankt Martin wurde am 11. November 397 n. Chr. in Tours geboren. *(Sankt Martin wurde am 11. November 397 n. Chr. nicht in Tours geboren, sondern unter großer Anteilnahme der Bevölkerung beerdigt.)*

Nach diesem Prinzip können die Senior:innen dann auch der Reihe nach einen Satz bilden, der der Wahrheit entsprechen kann oder nicht. Dabei dürfen die übrigen Personen im Kreis immer wieder von Neuem entscheiden, ob sie ihre Lichter hochhalten wollen oder nicht.

Downloadbereich:
Martins-Quiz: Sankt Martin – Wer weiß was?

Sankt Martin ritt durch Schnee und Wind

Material: eine Handtrommel, für alle Personen bis auf eine jeweils eines der übrigen Rhythmusinstrumte (Klangstäbe und Rasseln); evtl. für jede Person eine Kopie des Liedtextes „Sankt Martin ritt durch Schnee und Wind"

Im Kreis stellen Sie nun den Senior:innen das traditionelle Lied „Sankt Martin ritt durch Schnee und Wind" vor, das bei Martinsumzügen kaum wegzudenken ist. Der Text wurde als Volkslied geschrieben und dürfte vielen Senior:innen noch geläufig sein.
   Nach den einleitenden Worten teilen Sie die Instrumente im Kreis aus und lesen dann die einzelnen Strophen des Liedes vor, die die Se-

nior:innen mit ihren Instrumenten vertonen. Dabei deuten Sie immer kurz auf diejenige(n) Person(en), deren Instrument(e) gerade zum Einsatz kommen:

1. Sankt Martin, Sankt Martin,
Sankt Martin ritt durch Schnee und Wind,
sein Roß, das trug ihn fort geschwind.
Klangstäbe erklingen lassen
Sankt Martin ritt mit leichtem Mut:
Sein Mantel deckt' ihn warm und gut.

2. Im Schnee saß, im Schnee saß,
im Schnee da saß ein armer Mann,
hatt' Kleider nicht, hatt' Lumpen an.
Auf der Handtrommel kreisförmig reiben
„O helft mir doch in meiner Not.
sonst ist der bittere Frost mein Tod!"

3. Sankt Martin, Sankt Martin,
Sankt Martin zog die Zügel an,
sein Roß stand still beim armen Mann,
Kräftiger Trommelschlag
Sankt Martin mit dem Schwerte teilt'
den warmen Mantel unverweilt.

4. Sankt Martin, Sankt Martin,
Sankt Martin gab den halben still,
der Bettler rasch ihm danken will.
Rasseln erklingen lassen
Sankt Martin aber ritt in Eil'
hinweg mit seinem Mantelteil.

Im Anschluss daran sammeln Sie die Instrumente wieder ein. Danach können Sie alle im Kreis noch dazu einladen, gemeinsam das Lied

„Sankt Martin ritt durch Schnee und Wind" zu singen. In diesem Fall teilen Sie zuvor die Kopiervorlagen aus.

Downloadbereich:
Liedtext: Sankt Martin ritt durch Schnee und Wind

Ein Hoch auf die Freundschaft

Material: eine Sanduhr

Martin von Tours hat seinen Mantel geteilt und die eine Hälfte einem Bettler geschenkt. Das war sehr großzügig und eine sehr gute Tat.

Es gibt jedoch noch viele weitere Dinge, die man ebenfalls mit Freunden teilen kann und die das Leben gleich doppelt so schön machen.

Die Senior:innen dürfen sich nun untereinander austauschen und sagen, was ihnen spontan dazu einfällt. Mögliche Antworten können beispielsweise sein: das Frühstück, alte Geschichten, Neuigkeiten, das Lieblingslied, eine Parkbank oder gar den Sonnenuntergang.

Im Anschluss daran drehen Sie in der Kreismitte die Sanduhr um. Während nun der Sand langsam durchrieselt, sollten die Senior:innen dieses Mal der Reihe nach im Uhrzeigersinn wieder jeweils etwas Bestimmtes benennen, das man mit Freunden teilen kann. Sollte jedoch eine Person nichts Neues hinzufügen können, dürfen die anderen weiterhelfen.

Wie viele tolle Sachen werden sie wohl gemeinsam aufzählen können?

In der zweiten Spielrunde wiederholen Sie das Gedächtnisspiel, jedoch gegen den Uhrzeigersinn. Dabei sollen die Senior:innen nach Möglichkeit noch mehr Sachen als in der vorherigen Runde aufzählen.

Ziel ist es, den Senior:innen aufzuzeigen, wie schön es sein kann, miteinander Zeit zu verbringen und füreinander da zu sein.

Gott teilt sich uns mit

Material: Eine Bibel

Das Thema „Teilen" spielt nicht nur am Martinstag eine zentrale Rolle, sondern vor allem auch bei Gott, der mit uns beispielsweise das Leid teilt, sich uns aber auch mitteilen kann.

Nach den kurzen Erläuterungen zum Thema „Teilen", fragen Sie die Senior:innen, wie Gott sich uns mitteilt.

In diesem Zusammenhang wird bestimmt vielen sofort die Bibel in den Sinn kommen. Fragen Sie die Senior:innen, was das Besondere an diesem Buch ist, das Sie nun holen und für alle im Kreis gut sichtbar in den Händen halten. Bei dem Austausch können sich die Teilnehmer:innen zum Beispiel daran erinnern, dass die Bibel für gläubige Christ:innen das allerwichtigste Buch und somit besonders wertvoll ist. Zudem ist es das meistgedruckte Buch der Welt. Die Bibel ist Gottes Wort, das von Menschen aufgeschrieben wurde. In der Bibel begegnet uns ein liebender Gott, der die Welt geschaffen hat und uns nicht im Stich lässt.

Des Weiteren können die Senior:innen auch alleine oder mit Ihrer Hilfe im Gespräch darauf kommen, dass wir durch das Gebet stets Gott ansprechen, seine Liebe spürbar annehmen und mit ihm im Austausch sein können. Nicht zuletzt können wir die Worte Gottes mit Angehörigen und Freund:innen teilen.

Bibelverse über das Teilen

Material: fünf weiße DIN A5 Blätter Papier und ein Stift

Vorbereitung
Auf jeden Zettel schreiben Sie einen der unten aufgeführten Bibelverse:

„Wenn ihr in eurem Land die Getreideernte einbringt, sollt ihr eure Felder nicht ganz bis an den Rand abmähen und auch keine Nachlese halten. Überlasst die Reste den Armen und Fremden! Ich bin der HERR, euer Gott."

3. Mose 23,22 (HFA)

„Johannes gab ihnen zur Antwort: Wer zwei Hemden hat, soll dem eins geben, der keines hat. Und wer etwas zu essen hat, soll es mit dem teilen, der nichts hat."

Lukas 3,11 (NGÜ)

„Einer trage des andern Last, so werdet ihr das Gesetz des Christi erfüllen."

Galater 6,2 (Luther 1912)

„Verweigere keine Wohltat dem, welchem sie zukommt, wenn es in der Macht deiner Hände liegt, sie zu erweisen!"

Sprüche 3,27 (SLT)

„Wenn du den Armen etwas gibst, soll deine linke Hand nicht wissen, was die rechte tut. Was du gibst, soll verborgen bleiben. Dann wird dein Vater, der in das Verborgene sieht, dich belohnen."

Matthäus 6,3f (NGÜ)

Durchführung
Die Zettel mit den Bibelversen übergeben Sie fünf verschiedenen Personen im Stuhlkreis. Eine beliebige Person, die einen Zettel in den Händen hält, liest dann das, was auf den Zettel steht, laut vor. Alle übrigen Senior:innen im Kreis hören gut zu und überlegen, was und wie etwas geteilt wurde. Auf diese Weise kommen auch die anderen Zettel mit den Bibelversen zum Einsatz.

Ziel ist es, den Senior:innen zu verdeutlichen, dass gläubige Christ:innen sowohl materielle als auch immaterielle Güter teilen sollen. Dafür gibt es in der Bibel genügend Bibelverse, die darauf hinweisen und zeigen, was man tun soll, um Gott zu gefallen.

Abends, wenn es dunkel wird

Material: für jede Person eine Kopie des Gedichtes „Abends, wenn es dunkel wird"

Der Text „Abends, wenn es dunkel wird" stammt aus der Feder des deutschen Ingenieurs und Schriftstellers Heinrich Seidel (1842-1906). Er war der Sohn des evangelischen Theologen und Pastors Heinrich Alexander Seidel, der ebenfalls ein bekannter Schriftsteller war.

Nach den einleitenden Sätzen können Sie die Kopiervorlagen austeilen und die Senior:innen dazu einladen, das unten gedruckte Gedicht mitzusprechen, während Sie es vorlesen. Dabei wird stets die Zeile „Laterne, Laterne, Sonne, Mond und Sterne" von allen im Kreis voller Freude mitgesungen:

1. Abends, wenn es dunkel wird,
und die Fledermaus schon schwirrt,
zieh'n wir mit Laternen aus
in den Garten hinterm Haus.
Und im Auf- und Niederwallen
 lassen wir das Lied erschallen:
Laterne, Laterne, Sonne, Mond und Sterne.

2. Plötzlich aus dem Wolkentor
kommt der gute Mond hervor,
wandelt seine Himmelsbahn
wie ein Hauptlaternenmann.
Leuchtet bei dem Sterngefunkel
lieblich aus dem blauen Dunkel.
Laterne, Laterne, Sonne, Mond und Sterne.

3. Ei, nun gehen wir nach Haus,
blasen die Laternen aus,
lassen Mond und Sternlein leuchten
in der Nacht allein,
bis die Sonne wird erwachen,
alle Lampen auszumachen.
Laterne, Laterne, Sonne, Mond und Sterne.

Downloadbereich
Text: Abends, wenn es dunkel wird

Laterne, Laterne

Material: eine kleine Laterne mit LED-Licht auf einem Tisch in der Kreismitte, für jede Person eine Kopie des Liedtextes „Laterne, Laterne"

In der Zeit um den Martinstag gibt es nach Einbruch der Dunkelheit in vielen Gegenden Laternenumzüge, an denen vorwiegend Kinder mit ihren selbst gebastelten Laternen singend durch die Straßen ziehen. Während eine als ein römischer Soldat verkleidete Person auf einem Pferd vorausreitet und so Martin auf seinem Pferd darstellt, tragen alle im Umzug ihr Licht vor sich her, das die Nacht und die Herzen erhellt. Miteinander folgen sie so Martin, der ohne sein inneres Licht den frierenden Bettler nicht erkannt hätte.

Nach der kurzen Einführung können Sie die Kopiervorlagen austeilen und den Raum etwas abdunkeln. Danach laden Sie alle im Kreis dazu ein, das altbekannte Lied „Laterne, Laterne", das seit 1740 in mehreren Text- und Melodievarianten veröffentlicht wurde, zu singen. Dabei reichen die Senior:innen von Hand zu Hand die Laterne mit dem von Ihnen eingeschalteten LED-Licht vom Platz aus im Uhrzeigersinn herum. Auf diese Weise kann die Laterne für alle Licht in das Dunkle bringen und die Herzen erwärmen und erfreuen.

1. Laterne, Laterne, Sonne, Mond und Sterne.
Brenne auf mein Licht, brenne auf mein Licht,
aber nur meine liebe Laterne nicht.

2. Laterne, Laterne, Sonne, Mond und Sterne.
Sperrt ihn ein, den Wind, sperrt ihn ein, den Wind,
er soll warten, bis wir zuhause sind.

3. Laterne, Laterne, Sonne, Mond und Sterne.
Bleibe hell mein Licht, bleibe hell mein Licht,
denn sonst strahlt meine liebe Laterne nicht.

Downloadbereich
Liedtext: Laterne, Laterne

Martinsfeuer

Material: jede Menge kleine Holzstücke, Chiffontücher in Gelb, Orange und Rot, ein Softball, eine Handtrommel, eine Stoppuhr oder Uhr mit Sekundenzeiger

Zu Beginn ordnen Sie im Innenkreis die Holzstücke auf dem Boden für das „Martinsfeuer" an, über die Sie dann die zerknüllten Chiffontücher legen.

Danach holen Sie sich einen Softball, der anstelle der Senior:innen gleich über das dargestellte Feuer „springen" darf.

Für das Ballspiel bilden die Senior:innen einen großen Sitz- oder Stehkreis. Danach übergeben Sie den Ball einer beliebigen Person, die sobald Sie die Stoppuhr anschalten und einmal trommeln, den „Sprung über das Martinsfeuer" eröffnen darf. Dabei wirft sie den

Ball über das „Martinsfeuer" einer anderen Person zu, die den Ball auffängt. Kurz drauf trommeln Sie erneut, sodass der Ball abermals über das „Martinsfeuer" in Richtung einer anderen Person geworfen werden kann.

Je schneller sie trommeln, desto mehr Schwung kommt ins Ballspiel.

Wie lange wird es wohl dauern, bis der Ball die Richtung verfehlt und nicht mehr gefangen werden kann?

Stoppen Sie die Zeit, sobald das Ballspiel beendet ist.

Danach probieren alle das Ballspiel noch einmal aus, bei dem Sie wieder so wie im vorherigen Spiel beschrieben erst langsam, dann immer schneller trommeln. Sobald der Ball wieder auf den Boden fällt, stoppen Sie die Zeit erneut.

Sollte jetzt die Spielzeit länger als in der vorherigen Spielrunde gewesen sein, dann hat die Seniorengruppe das Ballspiel mit Bravour gemeistert.

Ansonsten am besten gleich noch einmal das Ballspiel durchführen.

Brauchtum an Sankt Martin

Weshalb finden Laternenumzüge an Sankt Martin statt? Und welche Bedeutung hat das Gänsebraten-Essen?

Während die Senior:innen im Kreis sitzen, überlegen Sie sich einen Martinsbrauch wie zum Beispiel den Laternenumzug. Danach benennen Sie der Reihe nach die Buchstaben immer mit dem „Laut-Namen" (also „L" statt „El"). Wer kann wohl den gesuchten Begriff benennen? Die Senior:innen dürfen sich auch untereinander beratschlagen. Wurde das Rätsel geknackt, dürfen die Senior:innen sich darüber austauschen, was sie speziell über dieses Brauchtum wissen.

Dabei können Sie auch das Wissen der Senior:innen vertiefen und erweitern, indem Sie die Aussagen der Senior:innen ergänzen.

Danach können Sie oder eine andere Person aus der Runde passend dazu einen neuen Begriff auf die gleiche Weise vorstellen, den alle anderen genauso erraten dürfen.

Auf diese Weise finden noch ein paar Spiele zum Knobeln statt. Dabei können die erratenden Begriffe wieder ein Anlass sein, um miteinander ins Gespräch zu kommen.

Beispiele:

Laternenumzug: In vielen Gegenden finden Martinsumzüge mit Laternen und Fackeln zum Gedenktag des heiligen Martin von Tours statt. Für die Laternenumzüge gibt es verschiedene Erklärungen: So soll es am Grab des Sankt Martins bereits Lichterprozessionen gegeben haben. Das Feuer war jedoch in der dunklen Jahreszeit vor allem in früheren Zeiten für die Menschen besonders wichtig und wurde auch als Dank für die Ernte von den Bauern auf den bereits abgeernteten Feldern gemacht.

Martinsgans: Das traditionelle Martinsgansessen wird gerne mit der Legende der schnatternden Gänsen in den Stallungen hinter dem Kloster verbunden, in denen sich Martin von Tours versteckt hielt. So asketisch wie Martin von Tours lebte, fühlte er sich auch viel zu bescheiden für das hohe Amt des Bischofs. Er konnte jedoch dank der schnatternden Gänsen gefunden und somit trotz seiner großen Bedenken zum Bischof geweiht werden.

Heischegang: An den Martinstagen ziehen meist die Kinder durch die Straßen von Haus zu Haus. Sie singen Martinslieder und erbitten (nicht erbetteln) Gaben wie beispielsweise Süßigkeiten. Eine schöne alter Tradition, die vor allem auch zwischen Weihnachten und Neujahr stattfindet, wenn die Kinder als Sternsinger:innen von Haus zu Haus gehen.

Martinssingen: Viele Kinder nehmen singend auch mit ihren Eltern am Laternenumzug teil. Zudem können Kinder auch in kleinen Gruppen mit ihren Laternen durch die Straßen von Haus zu Haus ziehen. Vor den Haustüren singen sie jeweils ein traditionelles Martinslied. Von dem Publikum erhalten Sie dann kleine Geschenke, wie beispielsweise Gebäck, Obst und Schokolade.

Martinsweck: Die Männchen aus Hefeteig werden traditionell um den Martins- und Nikolaustag gebacken und werden unter anderem auch als Weckmann oder Stutenkerl bezeichnet. Die Gebäckform soll einen Bischof darstellen. So symbolisiert beispielsweise die Mütze die Mitra und die Pfeife den Bischofsstab.

Martinsfeuer: Das große Freudenfeuer wird zu Ehren des heiligen Bischofs von Tours auch bekannt als Sankt Martin am Ende des Laternenumzugs entzündet. Das Freudenfeuer soll Licht ins Dunkle bringen. Auf dem Platz vor dem Freudenfeuer angekommen, wird häufig auch noch die bekannte Geschichte von Martin als römischen Soldat und seine Begegnung mit dem Bettler nachgespielt.

Weckmänner am Martinsfeuer

Material: ein Martinsfeuer (s. S. 108), eine Schüssel gefüllt mit Weckmännern bzw. Stutenkerlen aus Hefeteig

Während alle zusammen auf das Martinsfeuer in der Kreismitte blicken, laden Sie die Senior:innen dazu ein, sich zu überlegen, was es mit dem Martinsfeuer auf sich hat. Dabei tauschen Sie ihr Wissen untereinander aus, das Sie auch ergänzen können.

Auf dem Platz vor dem Martinsfeuer verteilt der verkleidete Sankt Martin häufig Leckereien wie zum Beispiel Weckmänner aus Hefeteig an die Kinder, die nun auch die Senior:innen miteinander teilen dürfen.

Für diesen Zweck gehen Sie mit der Schüssel im Innenkreis herum. Jede zweite Person holt sich einen Weckmann aus der Schüssel.

Danach dürfen immer die beiden Personen, die direkt nebeneinander im Stuhlkreis sitzen jeweils einen Weckmann miteinander teilen. Dabei halten die Zwei den Weckmann an jeweils einem Ende fest.

Auf Ihr Kommando zählen die Senior:innen ganz laut bis drei. Bei der letzten Zahl ziehen alle die Weckmänner so lange zu sich her, bis jeder ein abgebrochenes Stück in den Händen hält. Wer hat wohl das größte Stück ergattert? Der Spaßfaktor und das Gelächter in der Runde dürfte sicherlich groß sein.

Im Anschluss daran bekommen alle von Ihnen noch jeweils einen Weckmann, den sie nicht zu teilen brauchen.

Kinderfest im Herbst

Material: für jede Person einen Apfel und eine Kopie des Gedichts „Kinderfest im Herbst"

Das Gedicht stammt von dem deutschen Dichter und Germanisten August Hoffmann von Fallersleben (1798-1874), der übrigens das Lied der Deutschen, auch Deutschlandlied genannt, 1841 auf Helgoland gedichtet hat. Nach den einleitenden Sätzen teilen Sie die Kopiervorlagen aus. Danach lesen Sie das Gedicht Zeile für Zeile langsam und laut vor, sodass die Senior:innen die einzelnen Zeilen wiederholen und dabei auch Folgendes machen können:

Doch ehe der Herbst uns ganz verlässt,
so bringt er uns noch ein Kinderfest:
Alle zehn Finger in der Luft zappeln lassen
Sobald es Abend, zieh'n wir aus
und wandern singend von Haus zu Haus,
Laden Sie die Senior:innen dazu ein, die erste Strophe des bekannten Liedes „Laterne, Laterne" zu singen, s. S. 107

und bitten dem heiligen Martin zu Ehren
uns kleinen Kindern was zu bescheren.
Ganz leise und schnell klatschen.
Da reicht man uns Äpfel und Nüsse dar,
zuweilen auch Honigkuchen sogar.
Teilen Sie die Äpfel im Kreis aus, die alle mitnehmen dürfen.

Wir sprechen unsern Dank dafür aus
und wandern dann in ein anderes Haus.
Mit den Füßen zu jeder Silbe leise auf den Boden stampfen
Nun lasst uns heute singen auch,
wie's ist am Martinstag der Brauch!
Laden Sie die Senior:innen noch einmal dazu ein, die erste Strophe des bekannten Liedes „Laterne, Laterne" zu singen.

Downloadbereich
Gedicht: Kinderfest im Herbst

Martingsgänse teilen

Natürlich soll auch das leibliche Wohl bei einem Martinsfest nicht zu kurz kommen: Anstelle der traditionellen Martinsgans kann es auch eine leckere Kürbissuppe, einen gesunden Salat oder einfach Kaffee und Kuchen sowie Martinsgänse aus Hefeteig gegebenenfalls auch für Diabetiker:innen geben. Sobald jedoch alle gemütlich an den herbstlich dekorierten Tischen sitzen, um miteinander die Köstlichkeiten zu teilen und zu verzehren, können Sie alle Anwesenden für das Mitwirken am Martinsfest und vor allem auch Gott nicht nur, aber auch für das gelungene Martinsfest danken. Hierfür würde sich zum Beispiel auch die Praxisidee „Nun danket alle Gott" (s. S. 145) geradezu anbieten.

Allerheiligen, Allerseelen und Ewigkeitssonntag

Was ich dir noch sagen möchte – Trauer, Hoffnung und Zuversicht

Allerheiligen ist ein Hochfest der römisch-katholischen Kirche. Der Gedenktag ist den verstorbenen Menschen gewidmet, die entweder vom Papst heiliggesprochen wurden oder einfach ihr Leben zurückhaltend und konsequent nach dem Glauben des Christentums geführt haben. Der stille Feiertag wird dem Kirchenjahr nach am 1. November begangen. Einen Tag später am 2. November wird dann Allerseelen gefeiert, an dem an alle Toten und ihre Seelen gedacht wird. Aber auch im evangelischen Kirchenjahr gibt es einen Gedenktag an die Verstorbenen. Gemeint ist der Ewigkeitssonntag bzw. Totensonntag, der auf den letzten Sonntag vor dem ersten Advent fällt.

In diesem Kapitel wird gezeigt, wie Sie eine Andacht für die Verstorbenen im zurückliegenden Jahr und speziell für die verstorbenen Freunde und Angehörigen der Senior:innen gestalten können. Dabei sollen sich sowohl Christ:innen beider Konfessionen als auch andersgläubige Senior:innen gleichermaßen angesprochen fühlen. Auf diese Weise können sich selbst Teilnehmer:innen, die nicht mehr so ohne Weiteres die Gräber der Verstorbenen aufsuchen können, mit den verstorbenen Freunden und Angehörigen verbunden zu fühlen. Die Andacht im vertrauten Kreis dient auch dazu, sich gegenseitig Trost,

Halt und Kraft zu spenden sodass der Verlust und die Trauer eines geliebten Menschen besser verarbeitet werden kann. Dabei sollen die Senior:innen sich nicht nur mit der Vergänglichkeit des irdischen Lebens befassen, sondern vor allem auch darüber bewusst werden, dass der Glaube an und das Vertrauen auf Jesus Christus untrennbar mit dem ewigen Leben verbunden ist. Ewiges Leben ist daher ein Geschenk Gottes an die Menschen.

Willkommen zur Andacht

Material: ein Tisch, eine LED-Osterkerze, ein violettes oder weißes Tischtuch

Auf einem Tisch in der Kreismitte breiten Sie ein violettes Tischtuch aus, das gegebenenfalls auch durch ein weißes ersetzt werden kann. Bei der Liturgie für Verstorbene ist Violett vorgesehen. Weiß wird unter anderem für Feste der Heiligen und als Symbol der Vollkommenheit verstanden.

Zudem erinnert die Osterkerze, die auf die Tischmitte gestellt werden kann, an den gekreuzigten Jesus, der von den Toten auferstanden ist.

Die Senior:innen setzen sich auf Ihre Bitte hin in den Stuhlkreis. Danach bietet sich zum Beispiel die Praxisidee „Von ganzem Herzen" (s. S. 26) besonders gut an, bei der dann alle von ihnen auf eine schöne Weise zu einem stillen Gebet eingeladen werden.

Zum Gedenken an liebe Verstorbene

Material: zwei kleine Schüsseln, von denen sich in der einen jede Menge Herbstblätter und in der anderen LED-Teelichter befinden, ein kleiner Tisch und eine Osterkerze

Während die Senior:innen auf die auf dem Tisch stehende Osterkerze in der Kreismitte blicken, erzählen Sie ihnen, wie im Herbst die bunten Blätter von den Bäumen fallen. Indem die Blätter auf dem Boden liegen bleiben und allmählich verwelken, wird uns die Vergänglichkeit des Lebens vor Augen geführt. Dabei kommt uns oftmals auch die Endlichkeit unserer eigenen Existenz in den Sinn, die mit Sorge, Angst und Traurigkeit verbunden sein kann. Wer jedoch an Jesus Christus glaubt, weiß auch, dass Gott uns beisteht und uns über den Tod hinaus begleitet.

An dieser Stelle können Sie nun die Teilnehmer:innen bitten, sich gerade jetzt am Ende des Kirchenjahrs an die Verstorbenen zu erinnern, mit denen sie sich besonders verbunden fühlen.

Die Senior:innen dürfen nun der Reihe nach für jeden geliebten Menschen, der erst kürzlich oder bereits vor längerer Zeit gestorben ist, jeweils ein Herbstblatt und ein LED-Teelicht aus den beiden Schüsseln nehmen, die Sie auf jeweils einem Stuhl im Innenkreis platzieren können. Die Senior:innen legen dann nacheinander ihre Herbstblätter kreisförmig um die Osterkerze herum, wobei auf jedes Herbstblatt ein eingeschaltetes LED-Teelicht gestellt wird.

Im Anschluss daran dürfen alle im Kreis ihre Hände falten, während Sie die Fürbitte sprechen:

„Lieber Gott, wir bitten für unsere lieben Verstorbenen,
die uns vorausgegangen sind. Schenke ihnen ewiges Leben
in deinem Himmelreich.
Lieber Gott, gib uns die Kraft, die Hoffnung und Zuversicht
auf ein Wiedersehen in deinem Himmelreich.
Amen."

Der Tod bedeutet gar nichts

Material: für jede Person eine Kopie des Textes „Der Tod bedeutet gar nichts"

Zu Beginn können Sie allen im Kreis die folgenden Fragen stellen:

„Was würden uns wohl verstorbene Freunde, Bekannte und Verwandte aus dem Jenseits mit auf dem Weg geben wollen?" „Sollen wir um sie trauern bis an unser Lebensende oder dürfen wir auch wieder fröhlich sein, ohne dabei unsere lieben Verstorbenen zu vergessen?"

Die Senior:innen sollen sich auf Ihre Bitte hin ein paar Gedanken dazu machen, bevor Sie sich mit dem Text „Der Tod bedeutet gar nichts" beschäftigen, der aus der Feder des englischen Geistlichen und anglikanischen Theologen Henry Scott Holland (1847-1918) stammt. Zweifellos hat er einen der schönsten Texte über den Tod verfasst, der Teil der Trauerpredigt mit dem Titel „The King of Terrors" anlässlich des Todes von König Edward VII gewesen ist.

Lesen Sie nun die verkürzte Version des Textes mit dem Titel „Death ist nothing at all" vor, den Sie für die Senior:innen kopieren und schließlich austeilen. Dabei dürfen die Senior:innen jeden von Ihnen auf Englisch vorgetragenen Satz auf Deutsch übersetzen, indem sie passend dazu das, was unter jedem Satz auf Deutsch steht gemeinsam vorlesen:

Death ist nothing at all
Der Tod bedeutet gar nichts

I have only slipped away into the next room.
Ich bin nur nach nebenan verschwunden.

I am I and you are you.
Ich bin ich und du bist du.

Whatever we were to each other, that we are still.
Was immer wir füreinander waren, das sind wir noch.

Call me by the old familiar name.
Nenne mich bei dem alten vertrauten Namen.

Speak to me in the easy way which you always used.
Sprich von mir, wie du es immer getan hast.

Put no difference into your tone.
Ändere nicht deinen Tonfall.

Wear no forced air of solemnity or sorrow.
Zwinge dich nicht zu aufgesetzter Feierlichkeit oder Traurigkeit.

Laugh as we always laughed at the little jokes that we enjoyed together.
Lache weiterhin über die kleinen Scherze, an denen wir gemeinsam Spaß hatten.

Play, smile, think of me, pray for me.
Spiele, lächle, denke an mich, bete für mich.

Let my name be ever the household word that it always was.
Lass meinen Namen weiterhin so geläufig sein, wie er immer war.

Let it be spoken without an effort, without the ghost of a shadow upon it.
Sprich ihn unbekümmert aus, ohne die Spur eines Schattens.

Life means all that it ever meant.
Das Leben bedeutet all das, was es bisher bedeutete.

It is the same as it ever was.
Es ist genauso wie immer.

There is absolute and unbroken continuity.
Es geht uneingeschränkt und ununterbrochen weiter.

What is this death but a negligible accident?
Ist der Tod nicht nur ein unbedeutender Zwischenfall?

Why should I be out of mind because I am out of sight?
Warum sollte ich vergessen sein, nur weil du mich nicht mehr siehst?

I am just waiting for you, for an interval, somewhere very near, just round the corner.
Ich warte einstweilen auf dich, ganz in der Nähe, nur um die Ecke.

All is well.
Alles ist gut.

Ziel ist es, dass die Senior:innen sich allein schon durch die Übersetzung des englischen Textes aktiv mit seinem Inhalt befassen. Auf diese Weise machen sie sich bewusst, dass sie trotz der Trauer über den Verlust eines geliebten Menschens nicht ihr eigenes Leben vergessen dürfen. Durch die zwei Sprachen wird auch verdeutlicht, dass Menschen unabhängig von ihrer Sprache, Kultur und Religion Trauer empfinden und dennoch wieder glücklich in ihrem Leben sein können.

Downloadbereich
Text über den Tod: Death ist nothing at all (Der Tod bedeutet gar nichts)

So nimm denn meine Hände

Material: für jede Person eine Kopie des Liedtextes „So nimm denn meine Hände"

Der Text des Kirchenliedes „So nimm denn meine Hände" stammt von der deutsch-baltischen Dichterin Julie Hausmann (1826-1901). In diesem Lied verarbeitet sie in tiefer Trauer den Verlust ihres Verlobten, der als Pastor in Afrika tätig gewesen und an einer Seuche gestorben war. Obwohl das Lied im Evangelischen Gesangbuch (Nr. 376) steht, ist es auch in der katholischen Kirche und allgemein auf Trauerfeiern eines der meistgesungenen Lieder.

Nach der kurzen Einführung können Sie die Senior:innen fragen, wer das Lied bereits auf einer Beerdigung gehört oder gar gesungen hat. Es werden sich bestimmt einige Teilnehmer:innen zu Wort melden. Danach teilen Sie die Kopiervorlagen aus und lesen den Liedtext laut und deutlich vor, bevor Sie gemeinsam mit den Senior:innen das tröstliche Kirchenlied singen:

1. So nimm denn meine Hände und führe mich
bis an mein selig Ende und ewiglich.
Ich mag allein nicht gehen, nicht einen Schritt:
Wo du wirst gehn und stehen, da nimm mich mit.

2. In dein Erbarmen hülle mein schwaches Herz
und mach es gänzlich stille in Freud und Schmerz.
Lass ruhn zu deinen Füßen dein armes Kind:
Es will die Augen schließen und glauben blind.

3. Wenn ich auch gleich nichts fühle von deiner Macht,
du führst mich doch zum Ziele auch durch die Nacht:
So nimm denn meine Hände und führe mich
bis an mein selig Ende und ewiglich!

Im Anschluss dran können Sie allen Senior:innen ein paar Fragen zu dem Lied stellen, die folgendermaßen lauten können:

Wer ist mit den Worten „So nimm den meine Hände und führe mich ..." gemeint?
Antwort: Gott
Was spricht aus dem Text?
Antwort: Ein tiefer Glaube und ein grenzenloses Vertrauen auf Gott, der die Dichterin führen soll bis an das selige Ende und ewiglich.
Was kommt durch den Satz „Ich mag allein nicht gehen?" zum Ausdruck?
Antwort: Zuneigung und die Hoffnung auf ein gutes Ende

Downloadbereich
Liedtext: So nimm denn meine Hände

Befiehl du deine Wege

Material: ein gelbes DIN A2 Tonpapier, Reißnägel oder Klebestreifen, ein dicker schwarzer Filzstift, für jede Person eine Kopie des Liedtextes „Befiehl du deine Wege"

Das Kirchenlied „Befiehl du deine Wege" wird gerne auf Trauerfeiern gesungen und stammt in Anlehnung an den Psalm 37,5 von dem evangelisch-lutherischen Theologen Paul Gerhardt (1607-1676). Er gehört zu den bedeutendsten deutschsprachigen Kirchenlieddichtern.

Nach den kurzen Erläuterungen zum geistlichen Lied, teilen Sie die Kopiervorlagen aus, bevor Sie den Psalm vorlesen:

„Befiehl dem Herrn deinen Weg,
und vertraue auf ihn,
so wird er es vollbringen."
Psalm 37,5 (SLT)

Danach lesen Sie die erste Strophe des Liedes langsam vor, die dann alle gemeinsam singen. Das Gleiche erfolgt dann auch mit den anderen Strophen.

1. Befiehl du deine Wege
und was dein Herze kränkt
der allertreusten Pflege
des, der den Himmel lenkt.
Der Wolken, Luft und Winden
gibt Wege, Lauf und Bahn,
der wird auch Wege finden,
da dein Fuß gehen kann.

2. Dem Herren musst du trauen,
wenn dir's soll wohlergehn;
auf sein Werk musst du schauen,
wenn dein Werk soll bestehn.
Mit Sorgen und mit Grämen
und mit selbsteigner Pein
lässt Gott sich gar nichts nehmen:
es muss erbeten sein.

3. Dein ew'ge Treu und Gnade,
o Vater, weiß und sieht,
was gut sei oder schade
dem sterblichen Geblüt;
und was du dann erlesen,
das treibst du, starker Held,
und bringst zum Stand und Wesen,
was deinem Rat gefällt.

4. Weg hast du allerwegen,
an Mitteln fehlt dir's nicht;
dein Tun ist lauter Segen,
dein Gang ist lauter Licht.
Dein Werk kann niemand hindern,
dein Arbeit darf nicht ruhn,
wenn du, was deinen Kindern
ersprießlich ist, willst tun.

5. Und ob gleich alle Teufel
hier wollten widerstehn,
so wird doch ohne Zweifel
Gott nicht zurücke gehen;
was er sich vorgenommen
und was er haben will,
das muss doch endlich kommen
zu seinem Zweck und Ziel.

6. Hoff, o du arme Seele,
hoff und sei unverzagt!
Gott wird dich aus der Höhle,
da dich der Kummer plagt,
mit großen Gnaden rücken;
erwarte nur die Zeit,
so wirst du schon erblicken
die Sonn der schönsten Freud.

7. Auf, auf, gib deinem Schmerze
und Sorgen Gute Nacht!
Lass fahren, was das Herze
betrübt und traurig macht;
bist du nicht Regente,
der alles führen soll:
Gott sitzt im Regimente
und führet alles wohl.

8. Ihn, ihn lass tun walten!
Er ist ein weiser Fürst
und wird sich so verhalten,
dass du dich wundern wirst,
wenn er, wie ihm gebühret,
mit wunderbarem Rat
das Werk hinausgeführet,
dass dich bekümmert hat.

9. Er wird zwar eine Weile
mit seinem Trost verziehn
und tun an seinem Teile,
als hätt in seinem Sinn
er deiner sich begeben,
und sollst du für und für
in Angst und Nöten schweben,
als frag er nicht nach dir.

10. Wird's aber sich befinden,
dass du ihm treu verbleibst,
so wird er dich entbinden,
da du's am mindsten gläubst;
er wird dein Herze lösen
von der so schweren Last,
die du zu keinem Bösen
bisher getragen hast.

11. Wohl, dir, du Kind der Treue!
Du hast und trägst davon
mit Ruhm und Dankgeschreie
den Sieg und Ehrenkron;
Gott gibt dir selbst die Palmen
in deine rechte Hand,
und du singst Freundenpsalmen
dem, der dein Leid gewandt.

12. Mach End, o Herr, mach Ende
mit aller unsrer Not;
stärk unsre Füß und Hände
und lass bis in den Tod
uns allezeit deiner Pflege
und Treu empfohlen sein,
so gehen unsre Wege
gewiss zum Himmel ein.

Im Anschluss daran können Sie den Senior:innen verdeutlichen, dass das Gottvertrauen eine bewusste Entscheidung ist, die uns niemand abnehmen kann. Wenn wir aber Gott mehr als unseren Gefühlen, Gedanken und Umständen vertrauen, wird sich unser Leben verbessern.

Fragen Sie die Senior:innen, ob sie auch schon einmal mit Gottes Beistand eine schwierige Situation besonders gut meistern konnten. Das kann beispielsweise eine zerrüttete Beziehung oder eine Diagnose vom Arzt gewesen sein, die ihnen große Angst bereitet hat. Wer möchte, kann auch auf einem Plakat, das Sie für alle gut sichtbar auf eine freie Wand hängen, ein paar Worte schreiben, um Gott zu danken und zu ehren.

Unabhängig davon, können dann alle noch das Lied gemeinsam singen.

Downloadbereich
Liedtext: Befiehl du deine Wege

Gemeinschaft leben

Zu Beginn lesen Sie allen im Kreis das Zitat von Jeremias Gotthelf (1797-1854), eigentlich Albert Bitzius, der ein schweizer Pfarrer und Erzähler war, langsam und deutlich Zeile für Zeile vor:

„Die Menschen sind da, um einander zu helfen, und wenn man eines Menschen Hilfe in rechten Dingen nötig hat, so muss man ihn dafür ansprechen. Das ist der Welt Brauch und heißt noch lange nicht betteln."

Danach geben Sie allen Anwesenden etwas Zeit, damit sie die Worte auf sich wirken lassen können. Anschließend können Sie die Senior:innen Folgendes fragen:

„Wann haben Sie das letzte Mal jemanden um Hilfe gebeten?"
„Weshalb fällt es oftmals schwer, andere um Hilfe zu bitten oder eine helfende Hand zu akzeptieren?"
„Weshalb glauben viele Menschen, dass sie alles im Leben alleine meistern müssen?"

Derartige Fragen können die Teilnehmer:innen zu einem tiefgründigen Gespräch bewegen, bei dem auch Dinge erzählt werden, die vielleicht sonst ein Geheimnis bleiben würden. Bei einem solchen Deep Talk können die Senior:innen auch sehr viel über sich selbst erfahren.

An dieser Stelle können Sie den Teilnehmer:innen auch begreiflich machen, dass jede:r von uns irgendwann einmal die Hilfe eines anderen Menschen braucht. So hat jede:r garantiert schon einmal einen Handwerksbetrieb angerufen, weil es etwas im Haus zu reparieren gab. Und jede:r von uns hat bestimmt schon mal aufgrund einer Krankheit oder eines Unfalls einen Arzt oder gar eine Operation benötigt.

Weshalb sollte man dann keine Hilfe von anderen annehmen, wenn man sich einsam und verlassen fühlt? Es ist weder eine Schande noch eine Schwäche, jemanden um Hilfe zu bitten. Machen Sie den Senior:innen bewusst, dass insbesondere Freund:innen, Verwandte und Bekannte uns gerne helfen, weil sie uns mögen und wertschätzten. Wir müssen also nicht den Starken oder die Starke spielen, weil wir vielleicht glauben, sonst anderen zu Last zu fallen.

Gemeinsam sind wir stark

Material: eine Klangschale und ein Softball

Bitten Sie nun die Senior:innen darüber nachzudenken, wie sie sich in einem Trauerfall gegenseitig Halt, Kraft und Trost spenden können. Dafür schlagen Sie die Klangschale an. Sobald der Klang verklungen ist, sagen Sie Folgendes:

„Wir können ein offnes Ohr füreinander haben!"

Danach übergeben Sie den Ball derjenigen Person, die links neben Ihnen im Kreis sitzt. Die betreffende Person darf nun entweder das Gesagte wiederholen oder gar etwas Neues hinzufügen, indem sie beispielsweise sagt:

„Wir können uns gegenseitig trösten und umarmen!"

Unabhängig davon, reicht sie dann Ihnen die linke Hand. Danach übergibt sie mit der rechten Hand den Ball der nächsten Person im Kreis. Auf diese Weise wandert nun der Ball von Hand zu Hand solange im Kreis herum, bis der Ball wieder bei Ihnen angekommen ist und letztendlich alle zusammen Hand in Hand im Kreis sitzen. An dieser Stelle können Sie noch einmal die Klangschale anschlagen. Ist der Klang verklungen, können Sie den Senior:innen recht anschaulich bewusst machen, wie schön es sein kann, Hand in Hand zusammen zu arbeiten und sich gegenseitig viel Halt, Sicherheit und Zuversicht zu geben. In einer christlichen Gemeinschaft steht nämlich genauso wie im Kreis niemand für sich allein da.

Gemeinsam durch die Trauer

Material: ein großes Schwungtuch, ein Softball

Zu Beginn fragen Sie alle im Kreis, welche Sportarten unter anderem Vertrauen, Kommunikation, Hilfsbereitschaft und den Einsatz von persönlichen Stärken fördern. An dieser Stelle können Sie den Senior:innen bewusst machen, dass derartige Kompetenzen vor allem bei Team- und Mannschaftsspielen erforderlich sind.

Wie schön es sein kann, füreinander gerade auch bei einem Trauerfall da zu sein, soll den Teilnehmer:innen nun mithilfe des folgenden Spiels verdeutlicht werden:

Alle Senior:innen, die zusammen im Kreis sitzen, halten das Schwungtuch locker gespannt am äußeren Rand fest, auf das Sie einen Softball legen, der das symbolisiert, was jede:n von uns in einem Trauerfall belasten kann. Die Aufgabe der Senioren besteht nun darin, den Ball auf dem Tuch hin und her zu rollen, indem sie ihre Arme, sobald der Ball zu ihnen rollt, etwas anheben. Auf diese Weise bleibt die Last bzw. der Ball nicht schwer wie Blei vor einer bestimmten Person auf dem Tuch liegen, sondern wird gleichmäßig verteilt.

Sobald Sie jedoch das Ballspiel beenden, können Sie den Senior:innen noch einmal bewusst machen, dass wir nicht alleine mit unser Trauer sind. Das ist insbesondere dann der Fall, wenn man nicht alleine trauert, sondern das Leid mit anderen Menschen in der Umgebung teilt – etwa wenn jemand Bekanntes von den Heimbewohnern gestorben ist.

Fazit: Es gibt auch andere Menschen, die trauern und wissen, wie sich das anfühlt. Wenn wir miteinander sprechen und uns alles von der Seele reden, kann das bei der Trauerbewältigung mehr als hilfreich sein.

Fürchte nicht, dass dein Leben enden wird

Zunächst können Sie den Senior:innen bewusst machen, dass wir uns im fortgeschrittenen Alter verstärkt Gedanken über das Sterben und den Tod machen können. Indem wir uns aber zu sehr mit dem Tod und der Furcht davor konfrontieren, vergessen wir vielleicht auch im Hier und Jetzt zu leben. In diesem Zusammenhang können Sie den Senior:innen auch das folgende Zitat ans Herz legen, das von dem englischen Theologen und anglikanischen Pfarrer John Henry Newmann (1801-1890) stammt:

> „Fürchte nicht, dass dein Leben enden wird, sondern fürchte lieber, dass es nie beginnen wird."

Was möchte uns John Henry Newman wohl damit zu verstehen geben? Die Senior:innen sollen auf Ihre Bitte hin darüber spekulieren und sich nach einer kurzen Bedenkzeit schließlich der Reihe nach dazu äußern.

Am Ende können Sie den Senior:innen noch einmal deutlich machen, dass jede:r von uns für sein Glück verantwortlich ist und somit sein Leben auch in die Hand nehmen muss, indem man beispielsweise seine eigene Komfortzone verlässt, Vertrauen in die eigenen Fähigkeiten hat, den eigenen Fokus und inneren Frieden findet.

Bleibe bei uns, Herr

Zum gemeinsamen Beten des immer noch beliebten Abendgebets, das von dem deutschen Pfarrer und Dichter Georg Christian Dieffenbach (1822-1901) stammt, können Sie nun alle im Kreis einladen:

Bleibe bei uns, Herr,
denn es will Abend werden
und der Tag hat sich geneigt.

Bleibe bei uns und bei deiner ganzen Kirche.

Bleibe bei uns am Abend des Tages,
am Abend des Lebens, am Abend der Welt.

Bleibe bei uns mit deiner Gnade und Güte,
mit deinem heiligen Wort und Sakrament,
mit deinem Trost und Segen.

Bleibe bei uns,
wenn über uns kommt
die Nacht der Trübsal und Angst,
die Nacht des Zweifels und der Anfechtung,
die Nacht des bitteren Todes.

Bleibe bei uns und allen deinen Gläubigen
in Zeit und Ewigkeit.

Amen.

Downloadbereich
Abendgebend: Bleibe bei uns Herr

Abendempfindungen

Das Gedicht „Abendempfindungen" wurde vom deutschen Schrift-
steller, Theologen, Sprachforscher, Pädagogen und Verleger Joachim
Heinrich Campe (1746-1818) verfasst und von Wolfgang Amadeus
Mozart vertont.

Bevor Sie jedoch den Senior:innen das Gedicht vorlesen, können
Sie ihnen noch erzählen, dass das Gedicht „Abendempfindungen" ein
versöhnter Rückblick auf das Leben und der Gedanke an die Hinterbliebenen ist:

Abend ist's, die Sonne ist verschwunden,
und der Mond strahlt Silberglanz;
so entfliehn des Lebens schönste Stunden,
fliehn vorüber wie im Tanz!

Bald entflieht des Lebens bunte Szene,
und der Vorhang rollt herab.
Aus ist unser Spiel! Des Freundes Träne
fließt schon auf unser Grab.

Bald vielleicht mir weht, wie Westwind leise,
eine stille Ahnung zu,
schließ ich dieses Lebens Pilgerreise,
fliege in das Land der Ruh.

Werdet ihr dann an meinem Grabe weinen,
trauernd meine Asche sehn,
dann, o Freunde, will ich euch erscheinen
und will himmelauf euch wehn.

Schenk auch du ein Tränchen mir
und pflücke mir ein Veilchen auf mein Grab
und mit deinem seelenvollen Blicke
sieh dann sanft auf mich herab.

Weih mir eine Träne, und ach,
Schäm dich nur nicht, sie mir zu weihn,
oh, sie wird in meinem Diademe
dann die schönste Perle sein!

Im Anschluss daran können die Teilnehmenden sich auch gegenseitig etwas Positives über ihr bisherigen Leben berichten und sich darüber hinaus über die Dinge austauschen, die sie nach ihrem Ableben ihren Hinterbliebenen und der Nachwelt wünschen.

Downloadbereich
Gedicht: Abendempfindungen

Hoffnungslicht

Material: eine LED-Osterkerze

Zu Beginn holen Sie sich eine LED-Osterkerze, die Sie anschalten. Danach teilen Sie den Anwesenden im Kreis mit, dass Jesus Christus uns durch seinen Tod und seine Auferstehung die Hoffnung gegeben hat, dass wir im Jenseits unsere lieben Verstorbenen wiedersehen. Somit sind wir über den Tod hinaus mit ihnen verbunden. Wir dürfen daran glauben, dass liebe Freund:innen und Angehörige, die wir beerdigen mussten, bei Gott sind und wir ebenfalls bei Gott sein dürfen, wenn unsere Zeit gekommen ist.

An dieser Stelle übergeben Sie nun einer beliebigen Person die leuchtende LED-Kerze. Während die Osterkerze von Hand zu Hand im Kreis links herumwandert, teilen Sie den Senior:innen mit, dass Gott das Licht der Welt ist. Das gilt auch für seinen Sohn Jesus Christus. Dennoch gehört es zu den Bedingungen des irdischen Lebens, dass wir in schweren Zeiten gerne daran glauben, nur von Dunkelheit umgeben zu sein. Und doch hat Gott uns Hoffnung auf sein Licht verheißen. Er hat uns versprochen, den Weg vor uns zu erleuchten und uns aus der Dunkelheit zu führen. An dieser Stelle können Sie den folgenden Bibelvers vorlesen:

Nun redete Jesus wieder zu ihnen und sprach:
„Ich bin das Licht der Welt.
Wer mir nachfolgt, wird nicht in der Finsternis wandeln,
sondern er wird das Licht des Lebens haben."
Johannes 8,12 (SLT)

Gott danken

Material: eine Klangschale

Bei dieser Praxisidee können Sie das Augenmerk der Senior:innen im Kreis auf das richten, was sie als Letztes mit ihren lieben Verstorbenen erlebt oder worüber sie gemeinsam gelacht haben.

Indem Sie die Klangschale erklingen lassen, können Sie die Senior:innen besonders schön zu einem stillen Gebet einladen, um Gott für die gemeinsame Zeit zu danken, die sie mit ihren Liebsten, die jetzt nicht mehr unter uns weilen, verbringen durften.

Im Anschluss daran können Sie den Senior:innen sagen, dass ihre lieben Verstorbenen stets einen festen Patz in ihrem Herzen haben werden, obwohl sie sie nicht mehr sehen können.

Fürbitte am Ende der Andacht

Bevor die Andacht endet, können Sie alle im Kreis noch einmal verdeutlichen, dass wir alle traurig über den Tod von verstorbenen Freunden und Angehörigen sein können. Dabei spielt es keine Rolle, ob die betreffende Person erst seit Kurzem oder schon eine lange Zeit nicht mehr unter uns weilt. Wir können unseren Blick aber voller

Vertrauen auf Gott richten und ihn bitten, dass er uns anhört. Nach den kurzen Erläuterungen dürfen alle ihre Hände zum Gebet falten, während Sie Folgendes sagen:

„Guter Gott, wir beten für die Verstorbenen,
die bereits vorausgegangen sind.
Guter Gott, wir beten für die Verstorbenen,
mit denen wir uns über den Tod hinaus verbunden fühlen.
Lass sie bitte bei dir geborgen sein.
Lass sie dein Licht sehen und bei dir glücklich sein.
Guter Gott, wir vertrauen auf dich heute und in Ewigkeit.
Amen."

Als krönender Abschluss bietet sich zum Beispiel die Praxisidee „Ein Licht für dich" (s. S. 141) besonders gut an.

Segenswünsche zum Abschied

Bibelverse, Sprüche, Dankgebete & Co. –
Bis zum nächsten Mal

„Der Herr segne dich und behüte dich!
Der Herr lasse sein Angesicht leuchten über dir und sei dir gnädig!
Der Herr erhebe sein Angesicht auf dich und gebe dir Frieden!"
4. Moses 6,24-26 (SLT)

Der oben genannte Segensspruch wird heutzutage immer noch verwendet und ist vielen Christ:innen bestens bekannt.

Unabhängig davon, ist ein Segen ein fester Bestandteil in jedem
Gottesdienst und gehört zu jeder Kasualie, wie etwa einer Taufe,
Hochzeit und Beerdigung. Durch den Schlusssegen wird sowohl in
der katholischen als evangelischen Kirche die Messe oder der Gottesdienst beendet. Er dient als Zuspruch für die Gemeinde, gibt Hoffnung und erinnert uns daran, dass Gott uns im Alltag begleitet. Das
Amen, das abschließend durch die Gemeinde gesprochen wird, bedeutet nichts anderes als „So sei es!".

Christ:innen können einander jedoch auch außerhalb des Gottesdienstes Gottes Segen zusprechen, indem sie sich zum Beispiel einander zuwenden und die rechte Hand auf die linke Schulter der zu seg-
nenden Person legen oder so wie der Pfarrer oder die Pfarrerin den
Segen am Schluss des Gottesdienstes mit erhobenen offenen Händen
sprechen. Unabhängig davon, braucht ein Segen nicht viele Worte.
Solange die Segenswünsche von ganzem Herzen kommen, kann man
auch einfach nur „Gott segne dich!" sagen.

Im Folgenden werden nun jede Menge Bibelverse, Segenswünsche und vieles mehr vorgestellt, die sich für den Abschluss eines Seniorentreffens geradezu anbieten. Auf diese Weise können Sie natürlich auch jedes Fest, das Sie gemeinsam mit den Senior:innen und gegebenenfalls weiteren Gästen feiern wollen, harmonisch ausklingen lassen. Indem die Senior:innen nicht nur mit ein paar netten Worten Ihrerseits verabschiedet werden, sondern sich gegenseitig gerade auch am Schluss noch einmal Mut machen, Kraft und Gottvertrauen geben, fühlen sie sich besonders wertgeschätzt und innerlich gestärkt. Das hilft ihnen, so manche Herausforderung im Alltag wie etwa Trauer oder Krankheit leichter zu bewältigen. Darüber hinaus soll so auch noch einmal das gute Miteinander in den Vordergrund gerückt und nicht zuletzt Lust auf weitere Seniorentreffen gemacht werden.

Nun danket all und bringet Ehr

Material: für jede Person eine Kopie des Liedtextes „Nun danket all und bringet Ehr", eine Triangel, ein Becken mit Schlägel, ein Paar Klangstäbe, eine Glocke mit Stiel, eine Ocean-Drum oder ein Regenstab, eine Handtrommel, eine Klangschale, für alle übrigen Personen jeweils eine Rassel

Das deutsche Kirchenlied „Nun danket all und bringet Ehr" wurde von dem evangelischen-lutherischen Theologen und einem der bedeutendsten deutschsprachigen Kirchenlieddichtern Paul Gerhardt (1607-1676) gedichtet. Es ist sowohl als Danklied in vielen evangelischen Gesangbüchern als auch im katholischen Gotteslob erschienen.

Nach den kurzen Erläuterungen können Sie die Kopiervorlagen austeilen und den Text vorlesen, den die Senior:innen durch den Einsatz mit den von Ihnen zur Verfügung gestellten Instrumenten wie folgt vertonen können. Damit jedoch niemand seinen Einsatz in der Runde verpasst, deuten Sie nach jeder Strophe kurz auf diejenigen Personen, die drankommen:

1. Nun danket all und bringet Ehr,
ihr Menschen in der Welt,
dem, dessen Lob der Engel Heer
im Himmel stets vermeldt.
Triangel erklingen lassen

2. Ermuntert euch und singt mit Schall
Gott, unserm höchsten Gut,
der seine Wunder überall
und große Dinge tut;
Becken mit Schlägel anschlagen

3. der uns von Mutterleibe an
frisch und gesund erhält
und, wo kein Mensch uns helfen kann,
sich selbst zum Helfer stellt;
Klangstäbe ein paarmal anschlagen

4. der, ob wir ihn gleich hoch betrübt,
doch bleibet guten Muts,
die Straf erlässt, die Schuld vergibt
und tut uns alles Guts.
Glocke mit Stil erklingen lassen

5. Er gebe uns ein fröhlich Herz,
erfrische Geist und Sinn
und werf all Angst, Furcht, Sorg und Schmerz
in Meeres Tiefe hin.
Ocean-Drum oder Regenstab erklingen lassen

6. Er lasse seinen Frieden ruhn
auf unserem Volk und Land;
er gebe Glück zu unserem Tun
und Heil zu allem Stand.
Auf der Handtrommel kreisförmig mit den Fingerspitzen reiben

7. Er lasse seine Lieb und Güt
um, bei und mit uns gehn,
was aber ängstet und bemüht,
gar ferne von uns stehn.
Handtrommel einmal kräftig anschlagen

8. Solange dieses Leben währt,
sei er stets unser Heil,
und wenn wir scheiden von der Erd,
verbleib er unser Teil.
Rasseln erklingen lassen

9. Er drücke, wenn das Herze bricht,
uns unsre Augen zu
und zeig uns darauf sein Angesicht
dort in der ewgen Ruh.
Klangschale erklingen lassen

Im Anschluss daran können alle noch das Lied singen, bevor Sie sich von allen Senior:innen auch im Namen Gottes recht herzlich verabschieden und ihnen für die aktive Teilnahme danken.

Downloadbereich
Liedtext von Paul Gehardt: Nun danket all und bringet Ehr

Segenswünsche

Material: eine Klangschale

Erzählen Sie den Senior:innen, dass ein Segen stets mit einem guten Wunsch und die Bitte an Gott, der betreffenden Person etwas Gutes widerfahren zu lassen, verbunden ist. An dieser Stelle können Sie den Senior:innen sagen, wie schön Sie es finden würden, wenn sie sich gegenseitig zum Abschied noch einen Segenswunsch mit auf dem Weg geben.

Für diesen Anlass darf die Hälfte der Gruppe im Innenkreis sich direkt vor einer andere freien Person stellen, die vielleicht nicht mehr ganz so lange stehen kann. Sollte jedoch eine ungerade Anzahl an Personen vorhanden sein, machen Sie am besten mit, indem Sie sich im Innenkreis direkt vor eine sitzende Person stellen.

Danach dürfen diejenigen Personen, die im Innenkreis stehen, einfach ihre rechte Hand auf die linke Schulter ihres Gegenübers legen. Bevor jedoch alle im Innenkreis ihr Gegenüber segnen, sollten alle Senior:innen im Innenkreis nachfragen, ob diejenige Person, die im Stuhlkreis sitzt, das auch möchte. Ansonsten können sie ihnen auch ohne Handauflegen einfach nur alles Liebe und Gute wünschen. Alle Übrigen erhalten jedoch einen Segenswunsch, der kurz und knapp beispielsweise folgendermaßen lauten kann:

„Der Herr segne dich und gebe dir Kraft
und tröste dich, wenn du traurig bist."

oder

„Möge Gott dich beschützen und
dir Hoffnung und Zuversicht geben!"

Im Anschluss daran lassen Sie die Klangschale erklingen. Sobald jedoch der Klang verklungen ist, dürfen diejenigen Personen, die nun zusammen im Stuhlkreis sitzen, auf die gleiche Weise den Personen, die im Innenkreis stehen, einen guten Wunsch zukommen oder Gottes Segen und Liebe zuteilwerden lassen, indem sie einen selbst formulierten Segenswunsch oder einfach dafür einen Bibelvers über den Segen verwenden (s. S. 140).

Bibelverse über den Segen

Material: drei weiße DIN A5 Blatt Papiere, ein Stift

Zu Beginn schreiben Sie auf jeweils ein Blatt Papier einen Bibelvers über den Segen wie beispielsweise:

„Die Gnade unseres Herrn Jesus Christus sei mit euch!"
Philemon 1,25 (HFA)

„Gott gebe euch viel Barmherzigkeit und Frieden und Liebe!"
Judas 1,2 (Luther 1912)

„Er gebe dir, was dein Herz begehrt, und lasse deine Vorhaben gelingen!"
Psalm 20,5 (SLT)

Danach übergeben Sie einer Person, die gerne möchte, die drei Blatt Papiere, auf denen jeweils ein Bibelvers steht.
Die betreffende Person darf sich einen Bibelvers aussuchen, der ihr besonders gut gefällt. Danach steht sie, falls sie kann, auf und streckt ihre Arme aus. Während sie auch noch die Handflächen zu der Gruppe richtet, sagt sie den ausgewählten Bibelvers.

Am Ende sagen alle laut: „Amen!"

Gott segne dich – Gott behüte dich

Zu Beginn wenden Sie sich derjenige Person zu, die links neben Ihnen im Stuhlkreis sitzt. Während Sie nun die Hände auf die Hände der Person, die links neben ihnen sitzt, legen, sagen Sie laut „Gott segne dich!" Daraufhin segnet die Person Sie, indem sie die Hände auf Ihre Hände legt und „Gott behüte dich!" sagt. Danach wendet sich die Person wiederum derjenigen Person zu, die links neben ihr im Stuhlkreis sitzt. Sie legt ebenfalls ihre auf deren Hände und sagt laut: „Gott segne dich!". Die Person tut es ihr gleich, indem sie nun ihre Hände auf die der vorherigen Person legt und „Gott behüte dich!" sagt.

Auf diese Weise geht's immer weiter, bis Sie wieder an der Reihe sind und schließlich alle im Kreis laut „Amen!" sagen.

Variante
Die Senior:innen können auch einen Segenswunsch formulieren, ohne dass sie sich gegenseitig mit den Händen berühren. Indem Sie einen anderen segnen, können sie beispielsweise ihre Arme weit ausbreiten und dabei die Handflächen zu der betreffende Person richten.

Ein Licht für dich

Material: pro Person ein LED-Kerze oder Teelicht, ein Tablett

Zu Beginn legen Sie für jede Person im Stuhlkreis eine angeschaltete LED-Kerze auf ein Tablett, mit dem Sie sich in die Kreismitte stellen.

Eine beliebige Person beginnt und sucht sich eine andere im Kreis aus.

Danach sagt sie beispielsweise Folgendes:

„Ich schenke zum Abschied *(Namen einsetzen)* ein Licht, damit schlechte und dunkle Gedanken vertrieben werden."

Daraufhin gehen Sie mit dem Tablett in der Hand zu der ausgewählten Person, die sich eine leuchtende Kerze wegnehmen darf. Danach sucht sich die betreffende Person eine weitere Kerze aus und sagt beispielsweise Folgendes:

„Ich schenke zum Abschied *(Namen einsetzen)* ein Licht, in dem Hoffnung und Zuversicht funkeln."

Kurz darauf gehen Sie auf die benannte Person zu, die sich ebenfalls eine leuchtende Kerze von dem Tablett nehmen darf.
    So geht's immer weiter, bis alle eine leuchtende Kerze in den Händen halten und Sie Ihre Seniorengruppe mit ganz viel Licht verabschieden können.

Sonnenblume

Material: für jede Person eine Sonnenblume, eine Bodenvase

Während nun die Senior:innen ihre Hände falten, können Sie Folgendes sinngemäß wiedergeben oder einfach vorlesen:

„Lieber Gott, wie froh muss eine junge Sonnenblume sein,
die sich drehen und so dem herrlichen Sonnenlicht folgen kann.
Lieber Gott, gib mir Kraft, dass auch ich nicht im Schatten stehen bleibe.
Lieber Gott, lass mich voller Freude und Zuversicht deinem Licht folgen."

Im Anschluss daran erhält jede Person von Ihnen eine Sonnenblume, die sie daran erinnern soll, dass sie stets dem Licht Gottes folgen, auf Gott und sein Handeln vertrauen kann. Das können Sie auch noch durch den folgenden Bibelvers untermauern:

„Da redete Jesus abermals zu ihnen und sprach: Ich bin das Licht der Welt; wer mir nachfolgt, der wird nicht wandeln in der Finsternis, sondern wird das Licht des Lebens haben."
Johannes 8,12 (Luther 1912)

Gott, der Vater, kröne dich

Material: für jede Person eine Kopie des Segensliedes „Gott, der Vater, kröne dich"

Das Segenslied „Gott, der Vater, kröne dich" stammt von Gustav Friedrich Ludwig Knak (1808-1878), der Pfarrer, Kirchenlieddichter und Förderer der Mission war.

Nach den kurzen Erläuterungen verteilen Sie die Kopiervorlagen. Danach bilden Sie drei möglichst gleich große Gruppen im Kreis. Jede Gruppe ist dann für eine Strophe zuständig, die sie der Reihe nach den anderen zwei Gruppen vorliest:

1. Gott, der Vater, kröne dich
mit dem allerreichsten Segen
und begegne väterlich
dir auf allen deinen Wegen,
dass du's unter seiner Hut
habest überschwänglich gut.

2. Jesu Antlitz leuchte dir
Tag und Nacht, in Freud und Leide
und erquicke für und für
dich auf grüner Lebensweide;
seiner Gnade süßer Schein
strahl ins Herz dir stets hinein!

3. Und der werte Heil'ge Geist,
der in alle Wahrheit leitet,
hin zum Kreuz die Sünder weist,
Frieden gibt und Trost verbreitet
und uns führt zum ew'gen Licht,
heb auf dich sein Angesicht!

Im Anschluss daran können Sie gemeinsam mit den Senior:innen das Segenslied „Gott, der Vater, kröne dich" singen. Unabhängig davon können Sie allen im Kreis zum Schluss auch noch Ihre besten Wünsche mit auf dem Weg geben.

Downloadbereich
Liedtext: Gott, der Vater, kröne dich

Liebe und Dankbarkeit

Material: eine Klangschale

Alle zusammen im Kreis dürfen sich nun überlegen, welches Bild ihnen spontan in den Kopf kommt, wenn sie an das Abschied nehmen denken, das nicht zwangsläufig etwas mit dem Sterben und dem Tod zu tun haben muss.

Nach einer Schweigeminute zum Nachdenken darf eine Person, die gerne möchte, der Gruppe kurz und bündig etwas Passendes wie beispielsweise „Sonnenuntergang" mitteilen. Während Sie nun die Klangschale anschlagen, dürfen alle, falls sie möchten, ihre Augen schließen und sich einen schönen Sonnenuntergang vorstellen. Ist der Klang verklungen, öffnen alle wieder ihre Augen, falls noch nicht geschehen. Danach darf eine weitere Person etwas anderes zum Thema „Abschied" wie beispielsweise „Freunde am Bahnsteig verabschieden" benennen. Dabei schlagen Sie abermals die Klangschale an, sodass wieder alle ihre Augen schließen und sich die Abschiedsszene vor ihrem inneren Auge vergegenwärtigen können.

Zu diesem Thema können sich noch weitere Senior:innen der Reihe nach zu Wort melden.

Im Anschluss daran können Sie den Senior:innen mitteilen, dass das Abschiednehmen zum Leben gehört und somit völlig normal ist. Dabei können wir auch dankbar sein für das, was wir beispielsweise mit unseren Liebsten erleben durften. Wer jedoch Gott sich anvertraut und an ihn glaubt, wird sich niemals alleine fühlen. Bevor Sie jedoch allen im Kreis „Tschüss" sagen, können Sie noch das schöne Zitat, das aus der Feder des deutschen Dichters und Pfarrers Georg Christian Dieffenbach (1822-1901) stammt, den Senior:innen mit auf den Weg geben:

„Willst du recht verstehn die Zeit:
Schau sie im Lichte der Ewigkeit."

Nun danket alle Gott

Material: drei weiße DIN A5 Papiere, ein Stift, drei Kopien des Liedtextes „Nun danket alle Gott"; evtl. für alle übrigen Personen auch jeweils eine Kopiervorlage

Das geistliche Lied „Nun danket alle Gott" stammt von dem deutschen Dichter, protestantischen Theologen und Kirchenmusiker der Barockzeit Martin Rinckart (1586-1649).

Nach den einleitenden Worten dürfen die Senior:innen sagen, ob es etwas gibt, für das sie heute Gott danken möchten. Das können beispielsweise die gute Stimmung in der Gruppe, die Programmgestaltung oder die tiefgründigen Gespräche über Gott gewesen sein.

Unabhängig davon, erhalten drei beliebige Personen im Kreis, die gerne möchten, von Ihnen jeweils eine Kopie mit dem Liedtext „Nun danket alle Gott", der übrigens früher auch als Tischgebet verwendet wurde und hier nun als Gebet zum „Dankesagen" im Abschlusskreis zum Einsatz kommt. Bis auf die drei Personen falten nun alle ihre Hände. Dabei lesen die drei jeweils eine Strophe der Reihe nach vor:

1. Nun danket alle Gott
mit Herzen, Mund und Händen,
der große Dinge tut
an uns und allen Enden,
der uns von Mutterleib
und Kindesbeinen an
unzählig viel zu gut
bis hierher hat getan.

2. Der ewigreiche Gott
woll uns bei unserm Leben
ein immer fröhlich Herz
und edlen Frieden geben
und uns in seiner Gnad
erhalten fort und fort
und uns aus aller Not
erlösen hier und dort.

3. Lob, Ehr und Preis sei Gott,
dem Vater und dem Sohne
und Gott dem Heiligen Geist
im höchsten Himmelsthrone,
ihm, dem dreiein'gen Gott,
wie es im Anfang war
und ist und bleiben wird
so jetzt und immerdar.

Im Anschluss daran sagen alle „Amen".

Danach können Sie den übrigen Senior.innen jeweils eine Kopiervorlage geben, damit alle das Lied zum Abschluss auch noch singen können.

Downloadbereich
Liedtext: Nun danket alle Gott

Wohlfühlwörter

Material: ein gelbes oder hellblaues DIN A3 Tonpapier, ein Stift, Reißnägel oder Klebestreifen

Wörter, die einen berühren, eine Erinnerung hervorrufen und im Gedächtnis bleiben, tun gut und sind wie Musik in unseren Ohren. Sie machen auch bewusst, wie schön Sprache ist.

Nach der kurzen Einführung dürfen sich die Senior:innen jeweils ein für sie zutreffendes Wohlfühlwort für den heutigen erlebten Seniorentreff überlegen.

Eine beliebige Person beginnt und sagt beispielsweise: „Freudentaumel!"

Das Wohlfühlwort schreiben Sie auf das Tonpapier. Danach darf diejenige Person, die links neben ihr sitzt, das nächste Wort wie beispielsweise „Herzenslust!" benennen. Das Wohlfühlwort schreiben Sie ebenfalls auf das Tonpapier.

Auf diese Weise geht's immer weiter, bis jede Person im Kreis sich dazu äußern konnte und somit viele Wohlfühlwörter auf dem Plakat stehen.

Am Ende lesen Sie nochmals laut alle Wohlfühlworter vor, die die Senior:innen in freudiger Erinnerung an den heutigen Seniorentreff geäußert haben. Danach verabschieden Sie sich von allen Anwesenden im Kreis und hängen das Plakat auf eine freie Wand, damit die Wohlfühlwörter nicht in Vergessenheit geraten.

Beispiele für Wohlfühlwörter
Farbenfroh, Lebenslust, Gemeinschaft, Gemütlichkeit, Hoffnungs-
schimmer, Lichterglanz und nicht zuletzt Gottvertrauen

Du sollst deinen Nächsten lieben wie dich selbst

Zu Beginn lesen Sie den folgenden Bibelvers vor:

> „Jesus aber sprach zu ihm: ‚Du sollst lieben Gott, deinen Herrn,
> von ganzem Herzen, von ganzer Seele und von ganzem Gemüte.'
> Dies ist das vornehmste und größte Gebot. Das andere aber ist
> ihm gleich: ‚Du sollst deinen Nächsten lieben wie dich selbst.'"
> *Matthäus 22,37-39 (Luther 1912)*

Laden Sie nun die Senior:innen dazu ein, ihrem Nächsten oder ihrer
Nächsten und somit derjenigen Person, die links neben ihnen sitzt,
etwas Schönes am Schluss zu sagen.

Damit jedoch auch alle anderen im Kreis die wohltuenden Worte
hören, darf nun eine beliebige Person sich ihrem linken Sitznachbarn
oder Sitznachbarin zuwenden. Dabei kann sie beispielsweise sagen:
„Schön, dass wir beide heute so viel Freude gehabt und gelacht haben. Dafür möchte ich Ihnen/Dir von Herzen danken." Die betreffende Person kann das Kompliment zurückgeben oder sich einfach dafür bedanken. Danach wendet sich die betreffende Person derjenigen
Person zu, die links neben ihr im Stuhlkreis sitzt, um ihr ebenfalls ein
paar liebe Worte mitzuteilen.

Auf diese Weise geht's immer weiter, bis alle an der Reihe gewesen
sind.

Im Anschluss daran können Sie den Senior:innen noch sagen, was
Ihnen heute besonders gut in der Gruppe gefallen hat und wie sehr
sie sich auf ein Wiedersehen freuen.

Wiedersehensfreude

Material: ein rotes DIN A5 Tonpapier, ein Stift, eine Schere und eine Schreibunterlage

Vorbereitung
Für diese Praxisidee brauchen Sie ein rotes Herz, das Sie auf das rote Tonpapier aufzeichnen und schließlich ausschneiden.

Durchführung
Danach fragen Sie die Senior:innen, was sie während dem Seniorentreff am meisten erfreut hat. Das können beispielsweise die tiefgründigen Gespräche, die gute Gemeinschaft oder gar ein bestimmtes Kirchenlied oder Gebet sein, das ihr Herz besonders berührt hat.
Im Anschluss daran übergeben Sie einer Person einen Stift und eine Schreibunterlage, auf die Sie das rote Herz aus Papier legen. Die betreffende Person darf nun kurz und bündig der Gruppe mitteilen, was ihr heute besonders gut gefallen hat. Sie bekräftigt ihre Aussage, indem sie auf das Herz ihre Unterschrift setzt. Danach übergibt sie die Schreibunterlage, auf der das rote Herz liegt, derjenigen Person, die links neben ihr sitzt. Die betreffende Person tut es ihr gleich, indem sie sich zunächst positiv in irgendeiner Art und Weise über den heutigen Seniorentreff äußert und schließlich auf dem Herz unterschreibt.
Auf diese Weise geht's immer weiter, bis alle und somit auch Sie selbst an der Reihe gewesen sind. Nehmen Sie nun das Herz und sprechen Sie ein Dankgebet, das Sie selbst formulieren können und sinngemäß wie folgt lauten kann:

„Lieber Gott, wir danken dir, dass wir in dieser Runde heute alle zusammen sein durften.
Lieber Gott, wir danken dir, dass dein Herz für uns schlägt und Du für uns da bist.
Lieber Gott, wir freuen uns auf die nächste Zusammenkunft und

wissen, dass die Wiedersehensfreude auch hier auf Erden groß sein wird.

Amen."

Hinweis

Sollten jedoch nicht alle Senior:innen anwesend gewesen sein, können Sie nach der ersten Zeile beispielsweise noch Folgendes sagen:

> „Lieber Gott, wir hoffen, dass auch *(Namen einsetzen)* bald wieder zu unserem Seniorentreff kommen kann."

Gott für die Wohltaten danken

Während die Senior:innen zusammen im Kreis sitzen, gehen Sie kurz auf den französischen katholischen Ordensstifter, Heiligen und Gründer der Caritas Vinzenz von Paul (1581-1660), auch Vinzenz Depaul oder Vincent de Paul ein, bevor Sie das von ihm stammende Zitat vorlesen:

> „Man muss wenigstens soviel Zeit aufwenden,
> Gott für seine Wohltaten zu danken,
> als man gebraucht hat, ihn darum zu bitten."

Im Anschluss daran dürfen die Senior:innen darüber nachdenken, was schon alles in ihrem Leben gut verlaufen ist. Das können zum Beispiel die Erziehung der eigenen Kinder, ein Studium oder ein Hausbau gewesen sein. An dieser Stelle können Sie die Senior:innen zu einem stillen Gebet einladen, bei dem sie Gott natürlich auch für ganz banale Dinge wie zum Beispiel das heutige Seniorentreffen von ganzem Herzen danken können.

Lobe den Herren, den mächtigen König der Ehren

Material: für jede Person eine LED-Kerze; evtl. für jede Person eine Kopie des Liedtextes „Lobe den Herren, den mächtigen König der Ehren"

Der Liedtext stammt von Joachim Neander (1650-1680), der ein deutscher reformierter Geistlicher, Kirchenliederdichter und Komponist war. Das Lob- und Danklied „Lobe den Herren, den mächtigen König der Ehren" gehört zu seinen bekanntesten Werken, das unter anderem auch in der ökonomischen Textfassung unter der Nummer 316 gedruckt wurde.

Nach den kurzen Erläuterungen teilen Sie die LED-Kerzen im Kreis aus, die die Senior:innen anschalten. Während Sie nun jede Strophe laut und deutlich vorlesen, halten die Senior:innen stets bei „Lobe den Herren" ihr Licht in die Luft.

1. Lobe den Herren, den mächtigen König der Ehren,
lob ihn, o Seele, vereint mit den himmlischen Chören.
Kommet zuhauf, Psalter und Harfe, wacht auf,
lasset den Lobgesang hören!

2. Lobe den Herren, der alles so herrlich regieret,
der dich auf Adelers Fittichen sicher geführet,
der dich erhält, wie es dir selber gefällt;
hast du nicht dieses verspüret?

3. Lobe den Herren, der künstlich und fein dich bereitet,
der dir Gesundheit verliehen, dich freundlich geleitet.
In wieviel Not hat nicht der gnädige Gott
über dir Flügel gebreitet!

4. Lobe den Herren, der sichtbar dein Leben gesegnet,
der aus dem Himmel mit Strömen der Liebe geregnet.
Denke daran, was der Allmächtige kann,
der dir mit Liebe begegnet.

5. Lobe den Herren, was in mir ist, lobe den Namen.
Lob ihn mit allen, die seine Verheißung bekamen.
Er ist dein Licht, Seele, vergiss es ja nicht.
Lob ihn in Ewigkeit. Amen.

Im Anschluss daran können alle zusammen im Kreis das Lied singen.
Hierfür benötigen jedoch die Senior:innen jeweils eine Kopie des
Liedtexts.

Downloadbereich
Liedtext: Lobe den Herren, den mächtigen König der Ehre

Anhang

Register

Fachliteratur

Biehl, Pia, Advents- und Weihnachtsgottesdienste für Senioren. Mit Vorschlägen für demenzkranke Menschen, Katholisches Bibelwerk, Stuttgart 2020.

Brand, Fabian, Alle Jahre wieder. Advent und Weihnachten feiern mit Senioren, Herder, Freiburg im Breisgau 2019.

Brand, Fabian, Zeit zu säen – Zeit zu ernten. Seniorennachmittage gestalten, Herder, Freiburg im Breisgau 2018.

Erkert, Andrea und **Hüser**, Christian, Mit Liedern Erinnerungen wecken. 20 Lied- und Bild-Impulse für die Seniorenarbeit, Neukirchener, Neukirchen-Vluyn 2022.

Erkert, Andrea, Willkommen in der Runde. Über 100 fröhliche Kreisspiele für Senioren, Neukirchener, Neukirchen-Vluyn 2019

Fetzer, Susanne: Auf die Plätze, fertig, los. Zehn kreative Themennachmittage für die Seniorenarbeit, Neukirchener, Neukirchen-Vluyn 2022.

Fetzer, Susanne, Von Herzen vergnügt. Neue pfiffige Ideen für die Seniorenarbeit, Neukirchener, Neukirchen-Vluyn 2013.

Herr, Christina, Leise weht's durch alle Lande wie ein Gruß vom Sternenzelt. Weihnachtserinnerungen aus Kindheitstagen, Neukirchener, Neukirchen-Vluyn 2018.

Hoffsümmer, Willi, 155 Ideen für Feiern mit Senioren. Gottesdienste – Geschichten – Gebete, Schwabenverlag, Ostfildern 2019.

Huber, Ingrid, Wenn das kein Grund zum Feiern ist. Ideen für Feste mit Senioren, Herder, Freiburg im Breisgau 2013.

Jall, Franz, Wortgottesdienste mit Senioren, Schwabenverlag, Ostfildern 2022.

Müller, Rainer M. (Hg.), Wenn der Wind vom Leben singt. Geschichten für Seniorinnen und Senioren, Herder, Freiburg im Breisgau 2019.

Plieth, Martina, Einmal durch das Kirchenjahr. 18 Bildandachten für die Seniorenarbeit, Neukirchener, Neukirchen-Vluyn 2017.

Puttkammer, Annegret (Hg.), Augenblicke im Kirchenjahr. 20 Bildandachten für die Seniorenarbeit, Neukirchener, Neukirchen-Vluyn 2021.

Rapsch, Matthias, Andachten vorbereiten. Praktische Tipps und Ideen. Erweiterte Neuausgabe, Neukirchener, Neukirchen-Vluyn 2015.

Die Autorin

Andrea Erkert, geb. 1967, ist Erzieherin, Entspannungspädagogin und Fachlehrerin einer Grundschulförderklasse. Sie bietet Fortbildungen und Seniorennachmittage u. a. zu den Themen „Gemeinsam religiöse Feste feiern" und „Mit Liedern Erinnerungen wecken" an. Ein besonderer Schwerpunkt ihrer Arbeit bilden generationsübergreifende Aktivitäten und Projekte mit Kindern und Senioren.

Im Neukirchener Verlag sind von ihr ebenfalls erschienen:

Willkommen in der Runde
Über 100 fröhliche Kreisspiele für Senioren
ISBN 978-3-7615-6657-2

und

gemeinsam mit Christian Hüser
Mit Liedern Erinnerungen wecken
20 Lied- und Bild-Impulse für die Seniorenarbeit
ISBN 978-3-7615-6845-3

Anfragen für ganz- oder halbtägige Fortbildungen (auch online) sowie die Durchführung von verschiedenen Seniorennachmittagen:

Andrea Erkert
Allensteiner Str. 8
71570 Oppenweiler
Tel. 07191 908357 oder 0151 18555976
andrea.erkert@icloud.com